고일호 목사 설교집

마지막 부탁

고일호 목사 설교집

마지막 부탁

고일호 지음

드림북

헌정사

영은교회 창립 60주년을 기념하며
고(故) 고일호 목사님과 함께
교회를 지켜온
영은의 모든 성도에게 이 책을 바칩니다.

고일호 목사는 제 장신대 교수 시절의 제자 중 한 사람입니다. 제가 그의 혼인예식을 주례했으니 특별한 사이의 제자라 할 수도 있을 것입니다. 그가 어떤 사람이었는지를 생각할 때마다 떠오르는 말은 "착하고 충성된 종"입니다. 그 말은 그 어떤 말보다 그에게 딱 맞으며 그 누구에게보다도 그에게 잘 어울립니다.

고일호 목사는 착하디 착한 사람이었습니다. 고교 시절부터 신학대학원 졸업 때까지 줄곧 함께 공부했고 심지어 군대 생활까지 같이 하며 40여 년 동안 형제 이상의 친구였던 다른 한 제자 목사는 말하기를 그가 하나님의 부르심을 받기까지 한 번도 화내는 것을 본 적이 없다고 합니다. 다른 사람 같으면 다 화낼 상황이나 일을 당해도 그는 화낼 줄을 몰랐다고 합니다. 선량하기 그지없는 성품의 그는 다른 사람에 대한 관심과 배려가 깊었습니다. 자신도 넉넉하지 않으면서 두루 베풀며 살았습니다. 성자가 따로 없다고 말할 수 있습니다. 언제나 맑디 맑은 눈으로 항상 조용히 웃던 그의 그 천사 같은 얼굴은 잊을래야 잊을 수 없습니다.

고일호 목사는 외유내강의 사람이었습니다. 그는 속마음만 강한 것이 아니라 보기와 달리 매우 강건한 신체를 가졌었습니다. 그 강건했던 몸조차도 부서질 것 같아 혼자 있을 때는 "이대로 죽으면 좋겠다" 할 정도로 힘들고 바쁜 목회 생활을 그는 내색하지 않고 충성스럽게 감당했습니다. 그는 제 제자였지만 오히려 제게 참 스승과 같은 목사입니다. 아마도 제가 그의 후배였다면 그는 제가 가장 존경하며 따르고 싶은 선배였을 것입니다. 그런 그가 한창 더 일할 나이에 너무나 일찍 우리 곁을 떠났기에 아직도 마음이 매우 아픕니다.

고일호 목사는 참으로 온유하며 겸손한 목사였습니다. 그는 영은교회에 담임목사로 부임할 때 행한 그의 첫 설교에서 자신을 "지극히 작은 종"이라 부르며, 충성되고 지혜로운 종이 될 수 있도록 기도해주기를 교인들에게 부탁했습니다. 스스로 종이라고 여긴 그의 목회적 자세는 그가 영은교회의 성도들을 떠날 때까지 한 치도 흔들리지 않은 줄 압니다. 그의 설교에서 그것을 느낄 수 있습니다. 저는 이 설교집에 실린 그의 설교를 한 편 한 편 꼼꼼히 다 읽었습니다. 거기서 그는 소리 지르지 않으며 야단치지 않습니다. 스스로 철저히 종이라 여겼기 때문이라고 봅니다. 그는 과장하지도 않고 과시하려 하지도 않습니다. 솔직하고 소박한 언어로 쉽게 꾸밈없이 이야기하듯 하는 그의 설교는 서민적 친근감을 물씬 풍깁니다. 그 서민적 친근감 속에서도 깊은 삶의 통찰이 번득임을 봅니다. 그는 어려운 설교를 하지 않습니다. 본문의 핵심말씀과 삶의 경험을 끊임없이 연결시키며 따뜻한 가르침을 주는 메시지를 늘 전합니다.

고일호 목사는 영은교회의 종이었지만 역시 목회자였습니다. 그는 장로교회의 신학과 목회 전통에 따라 철저하게 하나님 중심적이고 교회 중심적이며 성경 중심적인 설교자였습니다. 그는 세상의 잡다한 소리를 퍼 나르지 않고 오로지 하나님의 말씀만 전하려 했습니다. 하지만 그의 설교 속에는 하나님과 교회만 있는 것이 아닙니다. 그의 설교 속에는 목회의 대상인 교인들이 늘 있습니다. 목회적 애정의 대상인 성도들이 그의 마음에 늘 자리 잡고 있었기 때문입니다. 그의 설교에서는 영은교회가 어떤 교회가 되기를 원하며 교인들을 어떤 신앙인들로 양육해야겠다는 그의 목표가 뚜렷이 드러나고 있습니다. 그는 바른 신앙생활이 무엇이며 바른 교회 생활을 어떻게 해야 하는 것인지를 꾸준히 가르치고 있습니다. 그리고 그의 목회적 관심은 위로와 화목에 그 초점이 맞추어져 있습니다.

영은교회가 고일호 목사를 기리며 그의 설교집을 편찬해 내기로 결정한 것은 너무나 기쁘고 고마운 일입니다. 이 설교집이 단지 영은교회 교우들에게 그를 잊지 않게 해줄 추억의 기념물로 남지 않고 순수하며 충성된 목회자가 되고자 하는 이들과 참된 신앙인이 되기를 원하는 신자들이 즐겨 읽는 설교집이 되기를 바랍니다. 평생 신학적이고 주석적이며 논리정연하기를 힘쓴 설교자였다고 생각하는 제 자신이 읽으며 은혜받은 설교집이기 때문입니다.

2020년 7월 7일
이수영 목사 (새문안교회 은퇴 목사)

샬롬!

주님의 은혜를 사모하는 모든 분에게 하나님의 사랑과 평안이 충만하시기를 기도합니다.

만물이 빛과 온기로 활기를 더해 가는 계절에 고(故) 고일호 목사님의 추모 1주기에 즈음하여 귀한 설교집을 발간하도록 인도해 주신 하나님께 찬양과 영광을 돌립니다. 고일호 목사님은 영은교회의 제6대 담임목사로 14년(2005. 12. 11~2019. 05. 01) 가까이 사역하시다가 작년 5월 1일에 하나님의 품으로 돌아가셨습니다. 목사님은 맑고 온화하신 성품으로 평생 순전하게 하나님의 뜻을 따라 사셨습니다. 하나님을 사랑하는 자의 삶이 무엇인지 몸소 보여주셨고, 살아계신 하나님의 생명력 있는 말씀을 전해 주셨으며, 고아와 객과 과부를 선대하라는 성경 말씀대로 지역 사회에 도움이 필요한 곳을 세심하게 살피고 돌보셨습니다. 이처럼 성도들은 물론 지역 사회에도 선한 영향력을 끼치신 목사님이셨기에 그분을 생각지도 못한 때에 일찍 떠나보내는 일이 큰 슬픔일 수밖에 없었습니다. 그러나, 그로부터 1년이 지난 지금 하나님께서는 목사님의 아름다운 삶의 발자취를 책으로 남길 수 있게 허락해 주셨습니다. 이제 목사님은 더 이상 우리 곁에 함께 하시지 않지만, 이 책을 통해 우리 마음에 오래오래 목사님의 말씀을 품을 수 있게 되었습니다.

목사님의 설교집이 발간되기까지 보이지 않는 곳에서 수고 해주신 모든 분에게 깊은 감사를 전합니다. 이 책은 여러분의 헌신과 사랑으로 완성될 수 있었습니다.

이 설교집을 읽는 분마다 고일호 목사님께서 전심으로 사랑하신 하나님에 대해 더 깊이 알게 되고, 목사님의 삶을 본받아 하나님께서 더욱 기뻐하시는 자녀의 길을 걸어가시는 은혜가 임하시기를 기도합니다.

2020년 7월 12일
영은교회 제7대 담임목사 이승구

::목차

Chapter 01

충성되고 지혜 있는 종

충성되고 지혜 있는 종

본문: 마태복음 24장 45-51절
설교일: 2005년 12월 11일 주일
부임 설교

여러분, 반갑습니다. 성경은 사랑을 가르치는 책이며, 섬김을 가르치는 책이며, 환대의 마음을 품고 살아갈 수 있도록 우리를 교훈하는 책입니다. 나그네를 영접하고, 병든 자를 위로하고 기도해 주며, 옥에 갇힌 자를 돌보아 주고, 헐벗고 굶주린 사람들에게 사랑을 베풀며, 그들을 입히고 먹이는 사람은 자신이 알지도 못하는 사이에 하늘 아버지로부터 큰 상급을 받게 될 것이라고, 마태복음 25장 40절에서 주님은 말씀하십니다. 만일 우리 교회와 성도들이 성경의 가르침대로, 어려운 이웃을 사랑하고 섬기며 따뜻한 마음으로 환대하며 살아간다면, 교회와 성도를 통해 하나님의 거룩한 능력이 이 땅에 가득 차리라고 믿습니다.

누군가를 따뜻하게 맞아주는 일, 그것은 가장 아름다운 사랑의 실천이기도 합니다. 오늘같이 추운 날 "추운데 고생 많지. 어서 들어와!" 하면서 문을 열어줄 수 있는 사람이라면, 천 마디 만 마디 말로 사랑을 외치는 사람보다 더 사랑의 본질을 잘 알고 있는 사람입니다. 오늘 저는 성도 여러분의 따뜻한 환대를 받으면서 영은교회 제6대 담임목사로 부임하게 되었습니다. 성전 안팎에 걸려있는 현수막들과 보기 좋은 화환들과 화분들 그리고 장로님들을 비롯한 성도님 한 분 한 분이 보여주시는 따뜻한 미소와 반가운 인사 속에서 정성껏 환대해 주시는 깊은 사랑을 느꼈습니다. 저 또한 진심으로 여러분에게 감사드리며, 우리의 힘과 반석이 되시는 하나님께서 은총으로 함께 해 주시길 축원 드립니다.

1. 부임 설교

아마도 여러분은 제가 오늘 부임 설교를 어떻게 하나 무척 관심이 많으실 것입니다. 첫 설교에서 홈런이나 안타를 치면 "과연 우리 목사님 잘 모셔 왔네!" 하고 즐거워하실 것입니다. 만약 은혜가 되지 않는다면, "기대 이하야!" 하면서 실망할지도 모릅니다. 그래서 오늘만큼은 저에게 여러분이 심판관이고 재판관처럼 보입니다. 그렇지만 축구천재 박주영도 시합 때마다 골을 넣지는 못하잖아요? 또 국민 타자라고 하는 이승엽 선수도 홈런을 칠 때보다는 못 칠 때가 더 많습니다. 물론 박주영 선수는 데뷔할 때 첫 골을 넣어서 스타가 되었지만, 설교는 축구보다 좀 어렵습니다. 그렇기에 오늘은 여유 있는 마음, 넉넉한 마음을 가지고 은혜로운 심령으로 예배에 임하면 감사하겠습니다.

예배를 드릴 때마다 성령님이 뜨거운 손길로 우리 영은 성도들의 마음을 어루만져 주실 줄 믿습니다. 예배 자리에 나오면 이런 기도를 드리면서 예배를 준비해 보시기 바랍니다. "성령님, 오늘도 예배와 말씀을 통해 제 심령을 어루만져 주시고 순종하는 믿음을 허락하여 주옵소서." 하나님 앞에 귀만 열어놓는 것이 아니라, 우리 마음을 열어놓게 될 때 우리도 엘리야처럼 하나님이 들려주시는 세미한 음성을 들을 수 있습니다.

부임 설교를 준비하다 보니까 10여 년 전에 독일 선교사로 가서 부임 설교를 하던 일이 생각났습니다. 그때 이역만리 타국에서 독일 목사님들과 교회 관계자들 그리고 우리 한인 성도님들과 그 가족들을 모시고 취임 예배를 드리게 되었습니다. 제 마음속으로는 정말로 환상적인 설교를 하고 싶었습니다. 그래서 많은 독일 목사님들 앞에서 "한국 목사가 얼마나 설교를 잘하는지 보여주고 말리라", 이렇게 다짐하면서 설교 준비를 위해 본문을 몇 주 전부터 찾았습니다. 그런데 취임 예배 2주 전쯤 해서 독일 교회에서 전화가 왔습니다. 부임 예배 설교 본문은 이걸로 하라면서 아예 본문을 독일 교회가 정해서 통보해 주었습니다. "그런 식이 어디 있냐?"고, "설교할 사람이 본문을 정해서 설교를 하는 게 아니냐?"고 물었습니다. 한국교회는 당연히 그렇게 하는데, 독일 교회는 그렇지 않다는 것이었습니다. 독일 교회는 주일 예배 설교 본문을 교회력에 따라서 일 년 전에 일 년 치를 다 준비한다는 것이었습니다. 저의 부임 예배 주일 설교 본문은 누가복음 10장 17절에서 20절까지였고, 저는 그 본문을 가지고 설교해야 했습니다.

제가 본문을 본 순간 많이 당황했습니다. 그 본문은 예수님이 파송한 실습 제자들이 돌아와서 전도 보고를 하는 내용이었습니다. 본문은 전도 현장에서 귀신이 쫓겨나고 사탄이 결박당하고 귀신들이 항복하는 놀라운 역사를 다루고 있습니다. 제자들은 신기한 일들을 경험하고 나서 흥분하며 기쁜 마음으로 돌아와서 주님께 전도 보고를 합니다. 누가복음 10장 17-20절은 성도의 권세와 능력을 약속하는 힘찬 말씀이었습니다. 그렇긴 하지만, 처음에 하는 부임 설교로서는 좀 어색한 본문인 것 같았습니다. 생각해보세요. 처음 만나서 설교를 하는데 귀신이 어쩌고 사탄이 어쩌고 하면 얼마나 생뚱맞겠습니까? 첫인상이 좀 무거울 것 같았습니다. 저는 이러한 본문을 가지고 부임 설교를 한다고는 꿈에도 생각하지 못했습니다.

부임 설교에 알맞은 본문들이 있습니다. 이를테면 '엘리야의 능력을 갑절이나 허락하여 주옵소서' 하는 엘리사의 기도 이야기라든지, 모세의 뒤를 이어서 가나안 땅으로 백성들을 이끌고 가야 할 때 두려움과 걱정이 가득했던 여호수아에게 "여호수아야 걱정하지 말아라. 내가 모세와 함께했던 것처럼 너와 함께 하리라. 두려워 말라. 놀라지 말라. 담대하라"와 같은 하나님의 약속들이 부임 예배에 적합한 본문일 것입니다.

어쨌든 저는 그 본문을 가지고 설교했습니다. 만일 누군가 은혜받지 못했다면, 본문 탓이고, 은혜받았다면 제가 잘해서 그런 것이라고 핑계 아닌 핑계를 댄 적이 있습니다. 이렇게 설교 본문을 선정하기란 힘든 일입니다. 특별히 부임 예배를 드리면서 본문을 잡는 일은 더 어려운 일이기도 합니다. 그러나 오늘 본문은 기도하는 중에 하나님께서 제게 주신 말씀을 받아서 결정했습니다. 독일 교회처럼 정해진 본문이 결코 아닙니다. 담임목사가 해야 하는 사명 중에서 가장 중요한 사명이라고 한다면, 강단에서 양질의 생명 양식을 공급하고 성도들을 하나님의 축복과 사명의 길로 인도하는 것입니다.

초대교회에서 베드로를 비롯한 사도들이 기도와 말씀 전하는 일에 전념하겠다고 말했을 때, 온 무리가 이 말에 기뻐했다고 사도행전 6장 4절에서 말씀하고 있습니다. 아마도 이 자리에 앉아계신 성도님들도 초대교회와 같은 심정일 것입니다. 하나님의 말씀이 강단에서 선포될 때마다 성령의 단비가 쏟아지고, 상한 심령이 위로를 받으며, 내가 삶을 어떻게 살아야 할지, 분명한 길이 말씀 안에서 제시되길 모두가 바라실 것입니다. 그것을 하나님은 오늘도 원하고 계십니다.

세상일에 피곤하고 지친 영혼들이 예배를 통해 삶이 회복되고, 다시 세상으로 돌아가서 하나님이 파송하신 축복의 근원으로서 힘차게 살아갈 수 있도록, 말씀과 기도로써 교회와 성도를 돕는 사명이 담임목사에게 있음을 잘 알고 있습니다. 어떻게 해야 이러한 사명을 잘 감당하는 종이 될 수 있을지 기도하고 묵상하는 중에, 오늘 본문을 찾게되었습니다. 이 본문의 말씀을 통해 성도 여러분에게 두 가지 기도 제목을 부탁드리고자 합니다.

2. 악한 종이 되지 않기 위한 기도

오늘 본문 안에는 두 종류의 종이 나옵니다. 첫 번째 종은 충성되고 지혜로운 종입니다. 45절 말씀에서 예수님이 간절하게 찾고 있는 사람은 충성되고 지혜로운 종과 같은 사람입니다. 두 번째 종은 악한 종입니다. 48절에 악한 종은 주인으로부터 집을 돌보고 집 안에 있는 모든 사람을 잘 보살피라는 명을 받았습니다. 집을 떠난 주인이 다시 돌아올 때까지 주인이 맡겨 준 대로 자기의 사명을 잘 감당해야만 했습니다. 그러나 악한 종은 그것을 감당하지 않았습니다. "주인이 오려면 한참 후에 오겠지"라고 생각하며 부지런하게 살아야 할 시간에 게을렀고 태만했습니다. 집안 식구들과 동료들을 못 살게 했고, 세상의 술친구들과 어울려 다니면서 세상 쾌락과 유혹에 빠져 시간을 허비하고 있었습니다. 악한 종은 자신의 본분을 망각하는 최대 실수를 저질렀습니다. 주인이 세워 주신 자리가 어딘지를 잘 알고 그곳을 떠나지 말아야 하는데, 악한 종은 주인의 집에서 충성을 다하는 생활 대신에 주인의 진노를 부르는 어리석고 미련한 생활을 일삼았습니다.

죄가 무엇입니까? 헬라어로 '하마르티아'라고 하는 이 말은 화살이 과녁을 향하여서 쏘았는데 그 과녁을 빗나갔다는 뜻입니다. 과녁의 중심을 목표로 쏜 화살은 그 과녁을 향해 나아가야만 하는데, 그 자리를 벗어나서 다른 방향으로 날아가면 그것이 죄입니다. 악한 종은 자신이 있어야 할 자리와 자신이 감당해야 할 사명, 그리고 자신이 누구이며 자신의 본분이 무엇인지를 망각하였던 것입니다. 그로 말미암아 주인이 집으로 돌아왔을 때 51절의 말씀과 같이 죄인들이 받는 처벌을 엄중히 받아야 했습니다.

사랑하는 성도 여러분! 저를 위한 기도를 부탁드립니다. 자신의 본분을 망각하거나 이탈하는 종이 되지 않도록, 하나님께서 날마다 저에게 긍휼을 베풀어주도록 저를 위하여 기도해 주시기를 부탁드립니다.

'복'이란 무엇입니까? 복은 하나님이 주신 것을 끝까지 잘 지키는 것이 복입니다. 하나님이 우리에게 믿음을 주시고 영생의 복을 주셨습니다. 천국 가는 그날까지 믿음과 복을 잘 지키는 것이 우리 영혼의 복입니다. 하나님께서 우리에게 물질을 주셨으면, 그 물질을 잘 지키고, 물질이 더욱 값지고 귀한 일에 사용되도록 하는 것이 복입니다. 하나님께서 우리에게 주신 사명과 직분을 잘 지키고 감당하여서 하늘에 많은 상급을 쌓을 때 그것이 일꾼과 사명자가 받을 복입니다.

세상의 것은 우리가 빼앗길 수 있고 잃어버릴 수도 있습니다. 그것은 세상으로부터 왔기 때문에 세상에 다시 돌려주어야 할 때가 있습니다. 세상의 명예, 세상의 권세, 세상의 재물, 이런 것들을 우리는 영원히 지킬 수가 없습니다. 영원히 소유할 수도 없습니다. 언젠가는 우리가 세상에서 가지고 있는 모든 것을 그대로 놔두고 이 세상을 떠나야 할 순간도 다가올 것입니다. 그러나 하나님이 우리에게 주신 것을 결코 빼앗겨서는 안 됩니다. 왜냐하면, 그것이야말로 이 세상뿐 아니라, 죽음 이후 저 영원한 나라에서도 우리를 지키시고 높여줄 하나님의 선물이기 때문입니다.

자신의 본분을 잘 지켜서 '영은교회 담임목사'라고 하는 직분을 감당할 수 있도록 항상 기도해 주시기를 부탁드립니다. 사탄이 왜 사탄이겠습니까? 사탄은 왜 저주받은 자가 되었습니까? 자신의 본분과 자신의 자리를 망각하고 이탈했기 때문입니다. 그래서 사탄은 저주받은 존재이자 불행한 존재가 되었습니다.

이사야 14장 12절 말씀을 보면 "너 아침의 아들 계명성아"라고 말하고 있습니다. '아침의 아들 계명성'이라는 것은 온 세상이 캄캄할 때 홀로 빛나는 그러한 별이죠. 어둠 중에서조차도 홀로 빛나는 아름다운 영광과 존귀함을 얻었던 천사장이 자신의 신분과 자리를 망각하여 지극히 높은 자의 자리에 오르려다가 결국 저주받은 자가 되었고, 자신의 모든 영광을 잃어버리고 마귀가 되었습니다. 이처럼 아무리 세상에서 많은 업적을 쌓고 존귀한 능력을 소유해도, 자신의 본분과 사명을 잃어버리는 순간 악한 종이 되고 맙니다. 그러므로 저를 위해 기도해 주시기 바랍니다. 악한 종이 아닌 복 있는 종이 되도록 기도해 주시기 바랍니다.

3. 복이 있는 종이 되기 위한 기도

악한 종과 다르게 주인에게 기쁨이 되는 충성되고 지혜 있는 종이 있습니다. '충성되다'는 말은 믿음직스럽다는 말입니다. '지혜 있다'라는 말은 똑똑하고 현명하다는 말입니다. 충성되고 지혜 있는 종은 자기의 사명을 잘 수행하는 종입니다. 집 떠났던 주인이 다시 집에 돌아왔을 때 충성스럽고 지혜로운 종은 주인이 있지 않은 동안에 주인의 뜻을 받들어서 집을 잘 보살폈습니다. 주인의 집을 구석구석 살피면서 잘 돌보고 가꾸었으며, 집에 있는 모든 사람을 잘 보살폈습니다. 주인이 돌아와서 그 종의 모습을 보면서 얼마나 기뻐했는지 모릅니다. 그래서 주인은 착한 종에게 그가 집에 없을 때만 집을 맡기지 말고, 집에 있을 때도 주인을 대신해 모든 것을 감독하며 다스릴 권세를 주어야겠다고 생각했습니다. 그 종은 주인의 사랑을 더 많이 받게 되었습니다. 이러한 종을 일컬어 예수님은 46절에서 "그 종은 복이 있으리라"고 말하고 있습니다. 지혜롭고 충성된 종은 복이 있는 종입니다.

부임 예배를 드리면서 하나님께 결단하며 기도하기는, 충성되고 지혜로운 종이 되도록 도와 달라는 것입니다. 이 착한 종은 주인의 집과 그 집 사람들을 위하여 헌신하고 수고하였습니다. 때를 따라 양식을 나누어 주었습니다. 주인의 눈길이 미치지 않을지라도 주인을 생각하면서 최선을 다했습니다. 우리가 이 비유를 좀 더 깊이 생각해본다면, 집주인은 장차 재림하실 예수 그리스도이십니다. 그리고 주인집은 예수 그리스도께서 피 값으로 사신 교회요, 하나님이 창조하시고 지금까지 사랑하시는 세상입니다. 주인집의 사람은 누구이겠습니까? 교회 안팎에서 하나님이 구원하신 성도들을 말하는 것입니다. 주인의 종이 돌보고 목양해야 할 하나님의 백성들입니다. 우리가 생각하기에 '종'이라고 하면 주인의 지배를 받는 사람이기는 해도 주인을 대신해서 주인집을 돌보는 일은 할 수 없는 사람입니다. 그렇지만 성경에 보면 비록 종이라고 할지라도, 비록 노예라고 할지라도, 주인집을 돌보고 관리하는 존귀한 은혜를 받을 수 있다고 분명히 말하고 있습니다.

1) 복 있는 사람, 요셉

요셉을 보십시오. 요셉은 애굽의 시위 대장 보디발 집에 팔려온 노예였습니다. 그러나 요셉이 하나님 앞에 정직하고 지혜롭게 살아가니까 보디발은 자기 집안의 모든 것을 요셉에게 맡겼습니다. 충성되고 지혜로운 종 요셉은 복 있는 자가 되어서 어디를 가든지 그로 인하여 복이 쌓이게 되었습니다. 복 있는 사람 요셉이 보디발의 집에서 수고하게 되니, 보디발의 집에 복이 넘쳐났습니다. 복 있는 사람 요셉이 밭에 가니, 밭의 소산이 복을 받아 넘쳐났습니다. 비록 불쌍하고 괴로운 노예살이를 했지만, 주인집을 위해서 성의를 다할 때, 하나님이 그를 높여서 노예에서 애굽의 총리로 삼으셨습니다. 요셉은 보디발의 집에서 집 전체를 맡아서 관리하는 사람으로 높여주셨습니다.

"내가 진실로 너희에게 이르노니 주인이 그의 모든 소유를 그에게 맡기리라."

오늘 본문 47절의 말씀을 요셉은 증거하며 살았던 사람입니다. 어디를 가든지 자기가 몸 담고 있는 곳에 복을 줄 수 있고, 그곳을 아름답게 변화시키고, 부흥시킬 수 있는 사람은 요셉과 같이 복이 넘치는 사람입니다. 성도님들은 요셉과 같은 목자가 되도록 저를 위해 기도해 주시기 바랍니다. 저는 영은교회 모든 성도가 요셉과 같이 복 있는 그리스도인들이 되도록 기도하겠습니다.

2) 악한 종, 아간

요셉과 반대되는 사람이 있습니다. 바로 아간이라는 사람입니다. 아간은 자기 욕심만을 채우다가 자신과 가족과 온 나라를 피로 물들였고 망하게 했습니다. 요셉은 가는 곳마다, 하나님의 은혜와 축복이 넘쳤던 사람인데, 반대로 아간은 가는 곳마다 죽음과 저주가 있었습니다. 아간과 같은 사람이 있는 곳에는 불행이 찾아옵니다. 마태복음 24장에 나오는 악한 종은 하나님의 집을 돌보고 주인집의 사람들을 잘 보살피라는 사명을 수행하는 데 게을리한 사람입니다. 그는 자기 욕심과 자기 이해와 자기 욕망만을 추구함으로써 하나님 앞에 진노를 받았습니다. 요셉과 같은 사람은 하나님 앞에서 충성되고 지혜로운 종이지만, 아간과 같은 사람은 악한 종입니다.

4. 작은 종을 위한 기도

영은교회의 45년 역사에서 앞서간 다섯 분의 담임목사님들은 위대하고 큰 목사님들이셨습니다. 그분들은 교계에서도 인정받는 훌륭한 목사님들이셨습니다. 그 목사님들에 비해 저는 지극히 작은 종입니다. 기드온이 말했던 것처럼 보리떡 하나같은 존재입니다. 그러므로 이 시간 두려움과 떨림으로 성도님들에게 저를 위해 기도해 주실 것을 부탁드립니다. 아간과 같은 악한 종이 되지 아니하고, 요셉과 같이 충성되고 지혜로운 종이 될 수 있도록 기도해 주기 바랍니다. 복 있는 종이 될 수 있도록 기도해 주십시오. 이것은 제힘과 능력으로 할 수 있는 일이 아니기에 성도님들의 기도와 도움을 부탁드립니다.

스가랴 선지자가 일찍이 선언하였던 것처럼, "이는 힘으로도 아니 되며 능으로도 아니 되고 오직 나의 영으로 되느니라." 하나님의 은혜와 능력으로 약한 자도 강하게 될 줄 믿습니다. 하나님의 집을 위하여 때를 따라 하늘 양식으로 잘 먹이고, 주인이 다시 오시는 그날까지 자신의 본분과 사명을 잘 감당하여 주인의 마음도 기쁘게 해드리고, 주인으로부터 복이 있다고 칭찬받게 되며, 목양하고 섬기는 교회마다 복이 충만할 수 있는 종이 되기를 기도해 주시기 바랍니다.

미국 남부지방에서 흑인 노예들이 목화밭에서 고된 일을 하다가 부르는 노래가 있다고 합니다. "고달프고 힘겨운 노예살이, 목화밭 한가운데서 왕 되신 주님을 보리, 영광중에 주님이 다시 오실 때 그곳에서 무릎을 꿇어 주님을 맞으리라." 미국의 흑인 노예들은 노예의 신분이기 때문에 호화롭고 찬란하게 꾸며진 성전에 가서 예배를 드릴 수 없었습니다. 그들은 뜨겁게 해가 내리쬐는 목화밭에서 하루도 쉬지 않고 힘겨운 노동을 하였습니다. 그렇지만, 그들이 서 있는 그곳에서 주님을 믿고 의지하며 살다 보면, 주님이 다시 오실 때 목화밭에서 엎드려 주님을 맞이하게 될 것입니다. 그 어떤 호화로운 성전에서 주님을 뵙는 것보다도 더 기쁘게 주님을 만날 수 있을 것입니다. 노예들은 이런 믿음의 마음으로 노래했던 것입니다. 저와 여러분이 하나님이 맡겨주신 삶의 자리에서 최선을 다해서 살다가, 그곳에서 주님을 맞이하여 무릎 꿇어 경배하는 은혜가 있기를 주님의 이름으로 축원합니다.

하나님, 주님은 충성되고 지혜로운 종을 찾고 계심을 말씀을 통하여 깨닫습니다. 누가 이러한 종이 될 수 있겠습니까? 아버지, 이 시간 머리 숙여 간절히 기도하오니 요셉과 같이 복 있는 종이 되게 하여 주옵소서. 복 있는 교회가 되게 하여 주옵시고, 복 있는 그리스도인들이 되게 하여 주옵소서. 주인이 맡겨주신 귀한 사명을 충성과 헌신으로 감당함으로써 주인이 오셨을 때 '잘하였도다' 칭찬받고, 그 모든 주인의 것을 도맡는 축복의 자리에 설 수 있도록 아버지, 이 종과 우리 교회와 모든 성도에게 함께 하여 주옵소서. 예수님 이름 받들어 간절히 기도드립니다. 아멘.

Chapter 02

길을 얻지 못할 때

길을 얻지 못할 때

본문: 누가복음 5장 17-26절
설교일: 2012년 10월 21일 주일

할렐루야! 오늘은 '길을 얻지 못할 때'라는 제목으로 하나님의 말씀을 전하겠습니다. 인생은 길과 같다고 합니다. 그래서 어떤 사람은 고속도로 전용 차선처럼 막힘이 없이 형통하게 갈 수 있는 '고속도로' 같은 사람이 있습니다. 어떤 사람은 비록 넓은 고속도로는 아닐지라도 주변의 아름다운 경치를 감상하면서 갈 수 있는 '국도' 같은 사람이 있습니다. 그런가 하면 '비포장도로'처럼 덜컹덜컹 흔들리며 피곤하게 인생길을 걸어가는 사람도 있습니다. 여러분의 인생길은 어떠하십니까? 자동차로 길을 달리다 보면 아무리 넓은 길도 처음부터 끝까지 막힘없이 가는 길은 없습니다. 잘 달리다가도 막힐 때가 있습니다. 막히다가도 시원하게 뚫리기도 합니다. 어떤 길은 많이 막혀서 빠른 길로 돌아가려다가, 오히려 그 길이 더 막혀서 후회한 경험이 있습니다.

요즘은 내비게이션이 있어서 길을 찾는 일이 훨씬 쉬워졌습니다. '내

비' 아줌마 말만 잘 들으면 아무리 낯선 초행길이라도 어렵지 않게 찾아갈 수 있습니다. 그러나 내비게이션도 기계라 한계가 있습니다. 목적지까지 가는 데에는 여러 갈래의 길이 있습니다. 그중에 운전자가 선호하는 길이 있습니다. 그런데 내비는 프로그램에 입력된 길만 안내하기에, 오히려 즐겁게 운전하는데 방해될 수도 있습니다.

이처럼 길을 찾아간다고 하는 것은 쉬운 일이 아닙니다. 인생도 마찬가지입니다. 인생이라고 하는 길은 결코 쉽게 걸어갈 수 있는 길이 아닙니다. 며칠 전에 고향 중학교 동창으로부터 전화를 받았습니다. 수십 년 만에 걸러온 전화였습니다. 그 친구는 중학교 때 저보다 공부를 못했습니다. 진짜입니다. 그런데 그 친구가 경희대 치대에 들어가서 치과 의사가 되었습니다. 이후 제주에서 개원하여 돈도 많이 벌었습니다. 친구는 제주도에서 제일 갑부 중 한 사람의 사위가 되었습니다. 그의 인생은 고속도로를 달리듯이 형통했습니다. 목사인 저야 그런 삶을 부러워할 것 없지만, 다른 동창들은 다 그 친구를 부러워했습니다.

그런데 그 친구가 저와 통화하면서 작년에 너무도 많은 눈물을 흘려야 하는 아픔을 겪었다고 말하는 것입니다. 그에게는 8살 어린 동생이 있었습니다. 저도 어려서부터 그 동생을 잘 알고 있었죠. 나이 차이가 커서 어렸을 적에 유난히 그 동생을 귀여워하고 아껴 주었습니다. 그 동생이 작년에 필리핀에서 불의의 사고로 목숨을 잃었다고 하는 것입니다. 저에게도 어렸을 적에 동생이 있었는데, 그 동생을 잃은 적이 있습니다. 친구는 자신의 인생에는 항상 모든 것이 잘 되고 좋은 일이 있을 줄만 알았다는 것입니다. 그런 불행한 일을 겪고 나니까 이 제야 저를 이해할 수 있게 되었다고 합니다. 제가 동생을 잃고 그렇게 슬퍼하던 마음을 이제야 이해할 수 있었다는 것입니다. 그런 슬픔이 자기 가정에도 있게 될 줄은 꿈에도 생각하지 못했다는 겁니다.

그렇습니다. 인생이란 자기 뜻대로만 되는 게 아닙니다. 인생은 마 지막까지 살아 봐야 그 끝을 알 수 있다고 합니다. 여러분의 현재의 모습이 여러분 인생의 끝이 결코 아닙니다. 앞으로 어떤 일이 일어날 지 아무도 모르죠. 그러므로 나의 현재 모습으로 인해서 교만해서도 안 되고, 낙심할 필요도 전혀 없습니다.

이제 수능시험도 얼마 남지 않았습니다. 교원 임용시험과 취업 시험 등 여러 가지 중요한 시험들이 우리 앞에 많이 놓여 있습니다. 우리 영 은의 자녀들을 위해서 기도 많이 해주시기 바랍니다. 수능시험 보는 자녀들을 위한 응원 선물로 두루마리 휴지를 주기도 한답니다. 왜 두 루마리 휴지를 응원 선물로 주는지 아십니까? 문제가 술술 잘 풀리라 고 술술 풀리는 휴지를 준다는 겁니다. 수능시험이 그 두루마리 풀리 듯 그렇게 잘 풀리면 얼마나 좋겠습니까? 또 인생이 그렇게 술술 풀리 면 얼마나 좋겠습니까? 그런데 그렇지 못합니다. 시시때때로 예상치 못한 많은 장애물을 만나게 되고, 벽에 부딪히게 됩니다. 어떤 때는 나의 길 자체를 잃어버리고, 미아처럼 방황하는 인생이 되고 맙니다. 해결해야 할 숙제는 산적한데 해결의 답을 찾지 못해 방황할 때가 많 습니다.

전에는 사업하시는 사장님들이 부러웠어요. 그런데 사업이라는 것이 보이지 않는 전쟁이요, 총성 없는 전쟁이라는 것을 알게 되면서부터 사장님들이 안쓰럽게 보일 때가 참 많습니다. 사업을 이끌어 간다는 것이 정말 쉽지 않은 것 같습니다. 사장의 그 마음과 고민을 직원들이 얼마나 알 수 있을까요. 겉으로는 부러운 것 같이 보여도, 그 안을 들여다보면 하루하루가 살얼음판 같을 것입니다. 매일 우리 앞에는 가시밭길 같은 길들이 무수히 깔려 있습니다. 인생은 쉽지 않은 길입니다. 막히기도 하고, 움푹 파이기도 하고, 좁아지기도 합니다. 그 길을 한 고개, 한 고개 넘어가는 것이 바로 인간의 삶입니다.

1. 길을 찾은 중풍 병자

오늘 본문 말씀에도 '길'의 문제를 겪은 사람의 이야기가 나옵니다. 예수님께서 3년 동안 공생의 사역을 하실 때 초기에는 예수님의 고향인 갈릴리 바다를 중심으로 활동하셨습니다. 오늘 본문의 말씀은 사역 초기인 갈릴리 활동 기간에 일어난 일을 기록하고 있습니다. 사역 초기에 예수님께서는 말씀을 전파하는 일과 더불어 많은 기적을 행하셨습니다. 귀신을 내어 쫓고, 각종 병자를 고치셨습니다. 오늘 말씀도 예수님께서 말씀으로 중풍 병자를 고치는 장면이 나옵니다. 중풍이라고 하는 병은 뇌로 흘러가는 혈관이 막혀서 일어나는 뇌졸중입니다. 지금도 우리 주변에 뇌졸중으로 고생하는 분들이 많이 있습니다. 증상이 가벼운 분들은 걸어 다닐 수 있지만, 증상이 심하면 전신 마비가 오고 말도 할 수 없으며 식물인간처럼 누워 지낼 수밖에 없습니다.

본문의 중풍 병자는 전혀 움직일 수 없는 것으로 보아서 뇌졸중이 심한 환자임을 알 수 있습니다. 예수님 앞으로 나가기만 하면 치료가 될 수 있을 텐데, 예수님 앞으로 갈 길이 없습니다. 그때 중풍 병자의 친구 네 사람이 그를 들것에 눕힌 채 예수님께 데려왔습니다. 그런데 어렵게 예수님 있는 곳까지 왔지만, 문제가 생겼습니다. 19절 말씀에 무리 때문에 메고 들어갈 길을 얻지 못했다고 적고 있습니다. 그들은 들어갈 길을 얻지 못하고 있었습니다.

이들은 예수님 앞에 나가서 치유 받기를 원했습니다. 그런데 길이 막혔습니다. 이들이 찾고자 하는 길은 어떤 길입니까? 예수님께 나아가고자 하는 길입니다. 문제를 해결하고자 하는 길입니다. 그런데 그 길이 막혀 버린 것입니다. 길이 사라져 버리고 만 것입니다. 이럴 때 일반적으로 사람들은 어떻게 할까요? 좌절하고 실망하고 포기하고 말 것입니다. 길이 없음을 한탄하면서 주저앉고 말 것입니다. 그런데 중풍 병자의 네 친구는 그렇게 하지 않았습니다. 환자를 다시 둘러메고 예수님이 계신 집의 지붕 위로 올라갔습니다. 그리고 지붕을 뜯어내기 시작했습니다. 예수님 당시 이스라엘 가옥은 나뭇가지나 짚으로 지붕을 엮고 흙을 발라서 평편하게 만들었습니다. 이 때문에 아무 연장으로 지붕을 부수면 쉽게 파낼 수가 있습니다. 네 친구는 지붕을 뚫고 길을 만들었습니다. 그리고 자신들이 메고 온 중풍 병자를 예수님 앞에 내려놓았습니다. 그들은 길이 막혔을 때 길을 만들었습니다. 누가 길을 만들어 주겠지, 열어주겠지 하고 기다리지 않았습니다. 스스로 노력하여 힘을 다해 길을 만들었습니다.

생각해보십시오. 환자를 둘러메고 예수께로 오는 그 거리가 얼마나 되는지 모르지만, 중풍 병자를 침상에 메고 예수께로 오는 것만 해도 보통 수고가 아닐 것입니다. 그런데 그 침상을 들고 다시 지붕까지 올라가는 일이 결코 쉬운 일은 아닙니다. "이렇게 고생하며 수고하느니 차라리 다시 침상을 들고 집으로 돌아가자!" 이런 마음이 들 수도 있습니다. "우리 할 만큼 했다. 여기까지 와봤다. 그런데 안 되는데 어떡하는가!" 그러면서 다시 뒤로 물러설 수도 있습니다. 그러나 그들은 길이 없다고 포기하지 않았습니다. 길이 없으면 만들면 된다는 적극적이고 개척적인 자세로 길을 만들었습니다. 길을 만들기 위해 애쓰고 수고한 결과가 무엇인가요? 문제가 해결된 것입니다. 길을 얻은 그들은 하나님께 영광을 돌렸습니다.

2. 감동적인 믿음

오늘 본문 말씀인 16절을 보니까 "오늘 우리가 놀라운 일을 보았다"고 말씀하고 있습니다. "놀라운 일을 보았다!" 여러분, 놀라운 일은 길이 없을 때, 그 길을 뚫고 갈 때 놀라운 일이 생기는 것입니다. 처음부터 끝까지 탄탄대로로 형통하다면 무슨 놀라운 일이 생기겠습니까? 인류 역사에 위대한 일들은 길이 막힐 때 길을 뚫은 사람들이 만든 것입니다. 이것이 믿음의 사람이 보여주어야 할 삶의 자세입니다. 중풍 병자의 네 친구는 예수님을 감동케 한 믿음이 있었습니다. 예수님은 그 믿음을 보시고 중풍 병자를 구원해 주셨습니다. 사랑하는 성도 여러분, 여러분에게도 예수님이 감동할 만한 믿음이 있습니까?

가버나움의 백부장에게는 예수님이 감동할 만한 믿음이 있었습니다. 오늘 네 명의 친구에게도 그러한 믿음이 있었습니다. 예수님이 감동한 믿음이 있었기에 백부장과 중풍 병자가 병 고침을 받은 것입니다. 이처럼 예수님의 능력과 역사를 체험하기 위해서는 중풍 병자나 백부장이 가졌던 '감동적인 믿음'이 있어야 합니다. 백부장의 믿음처럼 "주님 말씀만 하십시오. 말씀만 하셔도 내 종이 나을 줄로 믿습니다." 라고 고백할 수 있어야 합니다.

이런 말씀에 대한 절대적인 믿음을 붙잡고 계십니까? 길이 없으면 길을 만들어서라도 주님께 가까이 나가겠습니까? 패기에 넘치고 도전적인 믿음이 있습니까? 이런 믿음을 갖게 되길 축원합니다. 세상 사람들이 뭐라 해도 그리스도인들은 믿음을 떠나서는 살 수 없습니다. 교회가 살고 성도가 사는 길은 오직 하나입니다. 믿음으로 사는 것입니다.

3. 다섯 가지 믿음

사랑하는 성도 여러분, 앞서 말씀드린 대로 살다 보면 길을 잃을 때도 있습니다. 힘들고 어려운 길을 가야 할 때도 있습니다. 어쩌면 지금이 바로 그런 때인지도 모릅니다. "힘들게 여기까지 왔는데, 이제는 좋은 길 평탄한 길만 있겠지" 하며 기대할지도 모릅니다. 넓고 시원한 길을 기다리는 것이 아니라, 오히려 보이지 않는 캄캄한 길을 기다릴 수도 있습니다. 그렇지만 낙심하지 맙시다. 중풍 병자와 네 친구가 기껏 예수님 앞에 왔지만 길을 얻지 못했습니다. 멈춰 서야 했습니다. 그럼에도 불구하고 끝까지 최선을 다해서 기적을 만났습니다. 여러분들도 절대 포기하지 않는 믿음, 그 믿음을 가지고 살아가시기를 축원합니다. 믿음이란 무엇일까요? 오늘 본문 말씀은 믿음이 무엇인지, 믿는 사람이 어떻게 믿어야 하는지, 잘 보여주고 있습니다.

1) 문제를 가지고 오는 믿음

김삼환 목사님은 오늘 본문에서 믿음을 다섯 가지로 풀이합니다.

첫째, 믿음은 모든 문제를 주님께 가지고 오는 것입니다. 그렇습니다. 네 사람은 중풍 병자를 데리고 주님께 왔습니다. 주님 앞으로 나오는 것, 이것이 바로 믿음입니다. 기쁘고 감사한 일이 있을 때도 가장 먼저 주님 앞에 달려와 감사하고, 슬프고 어려운 문제가 있을 때도 주님 앞에 달려와 주님께 간구하고 맡길 줄 아는 것이 믿음입니다. 모든 일에 주님이 먼저 생각나는 것, 그것이 바로 믿음이고 신앙입니다. 여러분, 교회에 나오실 때 무엇을 가지고 나오십니까? 우리가 주님의 은혜 보좌 앞에 나올 때 무엇을 가지고 나오십니까? 문제를 가지고 오는 것입니다. 나의 문제, 가정의 문제, 영의 문제, 앞날의 문제, 모든 문제를 주님 앞에 가지고 나오는 것입니다.

주님께 나오면 주님이 고쳐주시고 해결해 주십니다. 중풍 병자가 주님 앞에 나왔을 때 삶의 문제를 해결해 주신 것처럼, 수고하고 무거운 모든 짐을 갖고 나올 수 있는 것, 이것이 바로 믿음입니다. 남들이 져 주지 않는 인생의 짐도 주님은 져 주십니다. 남들이 미워하고 손가락질하는 그 더러운 것들도 주님은 맡아 주시고 깨끗하게 씻어 주십니다. 아이들이 밖에서 놀다가 옷이 더러워지면 어떻게 합니까? 집에 와서 벗어놓고 새 옷으로 갈아입고 다시 나가 놀지 않습니까? 엄마가 더러운 옷을 집에 벗어놓는다고 화내는 것 본 적 있습니까? 그렇지 않습니다. "더러운 옷, 빨리 집에 와서 벗어라. 깨끗이 세탁하게!" 이렇게 말합니다. 다른 사람 집에 가서 자신의 더러운 옷을 벗어놓으면, 왜 남의 집에 와서 벗느냐고 따지면서 화낼 것입니다. 그러나 내 집은 그렇지 않습니다. 엄마, 아빠가 더러운 옷 벗겨 주시고 깨끗하게 씻겨주신 후 새 옷을 갈아 입혀 줍니다. 이것이 바로 엄마의 사랑이요, 아빠의 사랑입니다. 그래서 부모가 있는 것이 귀한 것입니다.

주님도 우리의 모든 부족함과 더럽고 추한 것들을 가져오라고 합니다. 내가 가지고 있는 모든 문제를 가져오라고 하는 것입니다. 교회에 나올 때 잘난 것만 가지고 나오고, 세상에서 우쭐대고 싶은 것만 가지고 나올 수 있는 사람이 얼마나 있겠습니까? 우리는 다 부족한 사람입니다. 부족한 가운데 주님께 나올 수 있는 것, 이게 바로 믿음입니다. 믿음은 가지고 나오라는 음성을 듣고 주님께 가지고 나오는 것입니다.

2) 포기하지 않는 믿음

둘째, 믿음이란 안될 때 포기하지 않는 것입니다. 친구들이 중풍 병자를 메고 왔는데, 예수님께 가까이 가지 못했을 때 어떻게 했습니까? 기회를 얻지 못할 때 어떻게 했습니까? 지붕으로 올라가서 지붕을 뚫고 중풍 병자를 달아 내리지 않았습니까? 주님은 이것을 믿음이라고 말합니다. '잘 믿는다는 것'은 무슨 뜻입니까? 해도 안 될 때, 하다가 막힐 때, 그때 좌절하지 않고 포기하지 않는 것, 그것이 잘 믿는 것입니다. 아래에서 안 되면 위에서 찾고, 여기서 안되면 저기서 찾고, 낙심하지 아니하고 적극적으로 찾는 것입니다. "할 수 있다! 안되면 가서 지붕이라도 뜯자!" 하나님은 이런 사람을 기뻐하십니다. 사업이나 가정이나 무슨 일이 잘 안 될 때, 좌절하지 말고 "하나님께서 우리를 인도하실 것이다. 더 좋은 기회를 주시기 위해서 이 길을 막아 놓으셨구나!" 생각하면서, 믿음을 가지고 지붕을 뚫을 때 하나님은 우리를 받으시고 축복해 주실 것입니다.

3) 믿음의 동역자

셋째, '잘 믿는다'라고 하는 것은 주변의 믿는 사람을 많이 두는 것을 의미합니다. 다시 말씀드리면, 친구를 사귀어도 믿음이 좋은 사람들, 나에게 영적으로 유익을 줄 수 있는 그런 사람들을 많이 두는 것이 잘 믿는 사람이라는 것입니다. 오늘 본문에서도 중풍 병자가 복을 받을 수 있었던 것은 무엇 때문입니까? 자기 주변의 믿음 좋은 사람들을 친구로 두었기 때문입니다. 중풍 병자에게 이 네 친구만 있었겠습니까? 아마 그에겐 많은 사람이 있었을 것입니다. 다른 사람들은 그냥 "그렇구나, 불쌍하다, 힘들겠다, 안됐다" 이렇게만 얘기했을 것입니다. 그러나 네 사람은 "우리가 저 친구를 살려보자! 우리가 저 친구를 주님 앞에 데리고 가서 주님의 능력으로 치유 받게 해주자!"고 했습니다. 그때 주님은 그들을 치유의 길, 구원의 길로 인도해 주셨습니다. 이런 친구가 주변에 있을 때 우리의 믿음이 함께 커가는 것입니다.

그러므로 좋은 믿음의 사람들, 영적으로 유익을 줄 수 있는 사람들을 많이 두시기 바랍니다. 결혼하더라도 교회를 반대하고 예수님을 반대하는 사람들과 결혼하지 않길 바랍니다. 불신자라도 교회에 대해서 호감이 있는 사람과 결혼하는 것이 중요합니다. 믿음은 환경과 밀접한 관계가 있습니다. 환경이 어떠하든지 나 혼자 꿋꿋하게 믿고 가리라고 하는 것은 어렵습니다. 내 주변에 힘을 주고 비료와 같은 역할을 해주는 사람이 있을 때, 믿음이 크게 자랄 수 있습니다.

4) 이웃을 섬기고 봉사하는 믿음

넷째, '잘 믿는 것'이 무엇인가요? 이웃을 섬기고 봉사하는 것입니다. 본문의 친구들은 자기는 아프지 않았지만, 아픈 친구를 치료의 자리로 옮겨 주었습니다. 예수님은 이걸 보시고 귀하게 여겼습니다.

믿음이 좋을수록 자기에게는 아무 유익이 없어도 남을 위해서 희생하고, 남이 잘되게 하고, 남을 살려내고, 도와주고, 일으켜 줍니다. 이것이 바로 믿음입니다. 선한 사마리아인을 보시기 바랍니다. 자신의 것을 털어 가면서 강도 만난 사람을 돕기 위해 노력했습니다. 예수님은 이 사람을 칭찬했습니다. 매일 성전에 살면서 하나님께 기도하고 예배드리는 제사장이나 레위인을 칭찬하지 않았습니다. 봉사할 줄 모르고 섬길 줄 모르는 사람은 아무리 기도 많이 하고 예배당에서 온종일 살아도 믿음이 좋은 것이 아닙니다. 남을 위해 희생하고 남을 위해 봉사할 수 있는 사람이 믿음이 좋은 사람입니다.

며칠 전 신문을 보니까, "우리나라 국민 중에 어떤 종교인이 기부와 봉사를 많이 하는가?" 하는 기사가 났습니다. 아름다운 재단이 몇 년 동안 조사해서 기사로 만들었습니다. 기사에 따르면, 기독교인이라고 할 수 있는 천주교회와 개신교회가 서로 비슷하게 봉사를 많이 하고 있었습니다. 봉사자 10명 중 7명이 기독교인이었습니다. 불교 신자 중 봉사자는 50% 정도이고, 나머지 종교는 신자 중 3분의 1 정도만 봉사하는 것으로 나타났습니다. 예수 믿는 사람이 봉사도 많이 하고 기부도 많이 한다는 것을 알 수 있었습니다. 왜 그렇습니까? 믿음이 있기 때문입니다.

5) 하나님의 영광을 드러내는 믿음

마지막으로 믿음은 하나님의 영광을 드러내는 것입니다. 오늘 본문을 보면, 중풍 병자는 죄 사함을 받고, 병 고침을 받은 은혜로 하나님께 영광 돌렸습니다. 예수님 앞에 나온다고 해서 다 하나님께 영광을 돌리는 것은 아닙니다. 오히려 하나님의 영광을 가리면서, 사람들이 교회에 나오는데, 걸림돌이 되는 사람도 있습니다. 오늘 본문을 보면 그런 사람이 나옵니다. 19절에 "무리 때문에 예수께 메고 들어갈 기회를 얻지 못하니라"고 말씀하고 있습니다. 무리가 누굽니까? 무리는 예수님을 진심으로 따르는 사람들이 아닙니다. 기적의 현장을 보고 진리의 말씀을 듣고 예수님이 가는 곳마다 따라 다녔지만, 정작 예수님을 "십자가에 못 박아라!"고 외친 사람들이 '무리'였습니다.

혹시 우리가 속해 있는 교회와 부서 안에서, 혹은 세상 속에서 '무리'와 같이 사람들이 주님께 나아가는 데 걸림돌이 되고 있지는 않습니까? 걸림돌이 아니라 디딤돌이 될 수 있기를 축원합니다. 네 명의 친구들은 디딤돌이 되었습니다. 주님께 나아갈 수 없는 중풍 병자가 주님께로 나아가서 구원받고 치료받을 수 있도록 디딤돌이 되어준 것입니다. 디딤돌과 같은 친구들이 있었기 때문에, 중풍 병자는 하나님께 영광 돌릴 수 있었습니다. 참믿음의 소유자는 하나님을 영화롭게 하고 하나님을 기쁘시게 해드리려고 노력하는 사람입니다. 네 친구는 길을 찾지 못했을 때, 길을 만들어서라도 주님 앞에 나아갔습니다. 그것이 바로 믿음입니다.

우리는 어떻습니까? 예수님이 큰길을 만들어 놓고 "수고하고 무거운 자들아 다 내게로 나오라"고 해도 우리는 가지 않습니다. 가도 겨우 마지못해서 갑니다. 은혜의 길, 구원의 길, 축복의 길, 믿음의 길이

없으면 만들어서라도 가도록 합시다. 그런 영은 가족이 되시기를 주
님의 이름으로 간절히 축원합니다.

하나님 아버지, 살다 보면 길이 막힐 때도 있고 길을 잃어버릴 때도 있
습니다. 더 이상 갈 길이 없어서 좌절할 때도 있습니다. 그러나 오늘 본
문 말씀에서 네 명의 친구들이 길을 얻지 못할 때 지붕으로라도 올라가
서 길을 뚫어 주님 앞에 나아갔던 것처럼, 저희에게도 그 믿음을 허락하
여 주시기를 간절히 기도드립니다. 홍해가 길을 막을 때, 여리고 성으로
가는 길이 막힐 때, 형들이 집어던진 수렁 속에 빠져 길을 잃어버릴 때,
오직 믿음으로 다시 그 길을 뚫듯이, 저희에게도 인생의 길이 막힌다고
생각할 때 하나님 주신 믿음으로 그 길을 뚫고 전진할 수 있도록 도와
주옵소서. 예수님 이름 받들어 간절히 기도하옵나이다. 아멘.

하나님의 마음을 품은 교회

Chapter 03

하나님의 마음을 품은 교회

|

본문: 요나서 4장 1-11절
설교일: 2015년 4월 19일 주일
교회 55주년 창립주일 설교

오늘 우리 교회가 창립 55주년을 맞이하게 되었습니다. 지나온 세월을 더듬어 보면 시대적으로 가정적으로 다사다난했던 일들이 많았지만, 한결같은 믿음과 사랑으로 주님의 나라와 교회를 위해서 헌신 봉사해 주신 성도님들이 있었기에 오늘의 영은교회가 있다고 믿습니다. 오늘까지 교회를 인도하시고 복 주신 성삼위 하나님께 감사와 영광을 돌려 드리며, 영은의 2,400세대 6,000여 성도들의 가정과 일터 위에 믿음과 소망과 사랑의 복이 가득하기를 축원합니다.

창립 주일을 맞아서 어떻게 하면 성도님들께 기쁨을 드리는 예배가 될까 생각을 해보았습니다. 학교 다닐 때 우리가 개교기념일이 되면 학교를 하루 쉬거나 오전 수업만 하지 않습니까? 그때 학생들은 하루를 번 것 같은 기쁨이 가득했던 추억이 있습니다. 또한, 창립 일이 되면 직원들을 하루 쉬게 하는 회사도 있다는 말을 들었습니다. "교회창립 주일은 하루 쉬게 하는 제도를 만들면 어떨까? 교인들이 좋아할까?" 상상해보았습니다. 하지만 그것은 제가 결정할 수 있는 일이 아니죠. 주일을 거룩하게 지키라는 것은 하나님이 명령하신 일이기에 하나님이 결재해 주어야 합니다. 아직 하나님께 결재받지 못했습니다. 그러면 "오늘같이 기쁜 날 설교라도 좀 짧게 하면 성도들이 좋아하실까?" 이렇게도 생각해봤습니다. 근데 그것도 쉽지가 않더라고요. 신학교를 다닐 때 설교학 교수님이 항상 강조하는 말씀이 있었습니다. "청중들이 좋아하는 설교만 하려고 하지 마라." 그러니 어떡합니까! 배운 대로 설교해야겠지요. 오늘 설교를 짧게 하지 못하더라도 이해해 주시기 바랍니다.

1. 하나님의 마음: 모든 사람이 구원받는 것을 기뻐하는 마음

오늘 교회창립 주일을 맞아서 '하나님의 마음을 품은 교회'라는 제목으로 말씀을 준비했습니다. 요나서 4장을 보면, 하나님의 마음이 어떤 것인지 정확하게 알 수 있습니다. 하나님은 죄악으로 가득한 니느웨 성읍이 회개하고 하나님의 자비를 구할 때, 그 백성의 죄악을 용서하시고 구원해 주셨습니다. 디모데전서 2장 4절을 보면 "하나님은 모든 사람이 구원을 받으며 진리를 아는데 이르기를 원하시느니라"란 말씀이 있습니다. 하나님은 모든 사람이 구원받고, 진리를 알게 되기를 원하십니다. 하나님의 마음이 어떤 마음이겠습니까?

하나님의 마음은 첫째로, 모든 사람이 구원받는 것을 기뻐하시는 마음입니다.

1) 니느웨를 구원하신 하나님

니느웨 성읍은 어떤 성읍일까요? 요나서 1장 2절 말씀에서 하나님은 이 성읍을 '악독한 성읍'이라고 표현하고 있습니다. 창세기 10장 11절에 니느웨라고 하는 성이 처음 나옵니다. 여기서 니느웨는 니므롯이라고 하는 사람의 후손입니다. 니므롯은 어떤 사람입니까? 성경은 세상에 처음 등장한 '영걸'이라고 전합니다. 세상 인류사에 처음 등장하는 '용사'라는 것입니다. 또한, 아주 용맹한 사냥꾼이었다고 표현하고 있습니다. 그래서 어떤 역사학자는 니므롯의 후손인 니느웨를 무자비하고 거친 사냥꾼으로 묘사합니다. 산 토끼, 꿩, 멧돼지, 사슴, 호랑이 등, 크고 작은 것 가리지 않고 산속에 있는 모든 짐승을 다 잡아 죽이고 사냥하는 사냥꾼처럼, 니느웨 백성들은 인정사정 보지 않고 큰 나라든 작은 나라든 침략해서 지배하고 빼앗는 그런 사람들이었습니다. 그래서 니느웨는 주변 나라에 공포의 대상이었습니다. 자연히 주변 여러 나라는 니느웨를 원수처럼 여겼고, 니느웨가 망하기만을 기다렸습니다.

요나도 마찬가지입니다. 자기의 조국 이스라엘의 원수가 바로 니느웨였습니다. 그래서 요나는 니느웨가 구원받는 것을 싫어했습니다. 하나님의 명령을 따라 할 수 없이 "사십일 후면 이 성이 망할 것이다."라고 하나님의 심판을 외치긴 했지만, 그 백성이 회개하고 돌아서 길 바라지 않았습니다. 니느웨가 악독한 생활을 하다가, 하나님의 심판을 받아 소돔과 고모라처럼 망해 버렸으면 좋겠다는 게 솔직한 요나의 마음이었을 것입니다. 그런데 하나님은 이 악한 성읍이 회개하고 돌아섰을 때 그 백성을 용서하고 구원해 주셨습니다. 하나님의 목적은 심판에 있는 것이 아니라, 구원에 있기 때문입니다. 하나님이 우리에게 징계를 주실 때도 있습니다. 하나님이 우리에게 실연과 아픔을 주실 때도 있습니다. 그럴지라도 거기에는 우리를 회개하고 돌이켜서 구원하게 하려는 하나님의 뜻이 들어있습니다.

예레미야 선지자는 하나님의 이 같은 마음을 잘 알고 있었습니다. 그래서 예레미야애가 3장에서 이렇게 말씀하고 있습니다.

"주께서 내 심령이 평강에서 멀리 떠나게 하시니 내가 복을 내어 버렸음이여. 스스로 이르기를 나의 힘과 여호와께 대한 내 소망이 끊어졌다 하였도다. 내 고초와 재난 곧 쑥과 담즙을 기억하소서. 내 마음이 그것을 기억하고 내가 낙심이 되오나, 이것을 내가 내 마음에 담아 두었더니 그것이 오히려 나의 소망이 되었사옴은 여호와의 인자와 긍휼이 무궁하심으로 우리가 진멸되지 아니함이니이다. 이것들이 아침마다 새로우니 주의 성실하심이 크시도소이다"(애 3:17-23)
"그가 비록 근심하게 하시나 그의 풍부한 인자하심에 따라 긍휼히 여기실 것임이라. 주께서 인생으로 고생하게 하시며 근심하게 하심은 본심이 아니시로다."(애 3:32-33)

예레미야 선지자는 고초와 재난, 쑥과 담즙, 낙심과 고생 그리고 절망, 이런 것으로 가득한 현실 속에서 눈물을 흘리고 있었지만, 그것이 하나님의 본심이 아니었음을 잘 알고 있었습니다. "너희를 향한 나의 생각은 내가 아나니 재앙이 아니라 곧 평안이요 너희 장래에 소망을 주려 하는 생각이라"(렘 29:11). 비록 근심하고 걱정이 많으나 하나님은 그 풍부한 인자를 따라, 긍휼히 여기시고 구원해 주시는 분이라고 예레미아 선지자는 외치고 있습니다. 이것이 하나님의 마음인 줄 믿습니다.

사랑하는 성도 여러분, 하나님의 마음을 품은 교회는 어떤 교회일까요? 사람들을 심판하려 하고 정죄하려 하고 적군과 아군을 가르고 네 편 내 편을 구별하는 교회는 결코 하나님의 마음을 품을 수 없습니다. 하나님의 마음을 잃어버린 교회는 차갑고 냉랭할 뿐입니다. 그곳에서는 생명의 잉태가 일어날 수 없습니다. 요새 매스컴에서 나오는 건강 관련 프로그램을 보면 체온과 면역력에 관한 정보들이 많이 나옵니다. 우리 몸의 체온이 $1℃$ 떨어질 때마다 면역력이 얼마나 감소하는지 아십니까? 약 30%가 감소한답니다. 그래서 몸이 차면 병에 걸리기가 쉽다는 거예요. 반면에 우리 몸의 체온이 $1℃$ 올라가면 몸의 면역력은 무려 5배나 향상된다고 합니다. 이 때문에 몸이 따뜻해야 건강하다고 합니다. 그래서 체온을 높여주는 생강, 계피, 대추, 인삼, 보이차, 이런 것이 좋다고 하죠. 무슨 말입니까? 몸을 건강하게 하려면 몸이 따뜻해야 합니다. 몸이 차가운 사람은 건강하기가 어렵다는 말씀입니다.

어디 우리 몸만 그렇습니까? 주의 몸 된 교회도 그렇습니다. 교회도 따뜻한 교회가 되어야 합니다. 그래야 성도들이 건강하고 평안합니다. 영적인 생명력도 잉태하여 출산할 수 있습니다. 아무리 많은 새신자가 몰려와도 교회가 냉랭하고 차가우면 남아 있기 어렵습니다. 남아 있는 성도들조차 면역력이 약해져서 병에 걸리기 쉽습니다. 악하고 무서운 니느웨 성읍조차도 용서와 구원의 팔로 품어 주시는 하나님의 마음을 가질 때 따뜻한 교회, 건강한 교회, 평안한 교회가 될 줄로 믿습니다. 우리 교회가 이런 교회가 되기를 축원합니다.

2) 교회의 체온 올리기

우리 교회가 창립 55주년을 맞아 교회의 체온을 1℃씩 올리는 운동을 한번 펼쳤으면 좋겠습니다. '교회 체온 1℃ 올리기', 어떻게 하면 교회 체온을 1℃ 올릴 수 있을까요? 예배드리기 전에 체조라도 한번 할까요? "다 같이 국민체조 하심으로 예배를 시작하겠습니다." 이런 방법도 있겠죠. 하지만 그보다 더 좋은 방법이 있습니다. 그것은 우리 얼굴의 표정을 좀 더 밝게 하는 겁니다. 미소짓는 얼굴을 만들어 보십시오. 대체로 한국인들의 표정이 어둡고 무뚝뚝하다고 하지 않습니까?

몇 달 전에 어느 교회에서 영등포 지역교회 연합회가 주관하는 행사가 있었습니다. 그 행사에 한 정치인이 축사를 했는데, 이런 말씀을 하시더라고요. "교회 다니는 여러분 얼굴이 너무 무서워요. 좀 웃어 주세요." 그래서 웃은 적이 있어요. 그분이 교회 행사가 있으면 이곳저곳 찾아다니면서 축사를 하는데, 가서 교인들의 얼굴을 보면 좀 무섭다는 거예요. 그래서 축사할 때 주눅이 든다고 하는 것입니다. 다른 사람의 눈에 비친 우리의 모습입니다. 우리가 정말 표정이 어둡고 무서우면, 아마 교회에 처음 나온 사람들은 다시 오기가 어려울 것입니다. 그러니 좀 더 밝은 얼굴, 웃는 얼굴과 환한 표정으로 우리 교회의 체온 1℃를 올리시기 바랍니다.

3) 가정의 체온 올리기

여러분 가정도 마찬가지입니다. 가정도 체온을 올려야 합니다. 그래야 그 가정이 건강하고 화평할 수 있습니다. 어떤 피자 배달부가 이런 말을 했죠. "피자 배달을 하다 보면 가정마다 독특한 냄새가 있습니다." 그래서 어떤 집에 가면 "이 집은 행복하구나!" "이 집은 참 따뜻하구나!" "아, 이 집에 나도 머물고 싶다"라고 생각한답니다. 이처럼 행복한 냄새가 나는 집이 있다는 거예요. 반면에 어떤 집에 가면, 우울해 보이고 거기에 머물고 싶지 않아 빨리 피자를 주고 나와 버리는 집이 있다고 합니다.

눈으로 보이지는 않지만, 몸으로 느끼는 가정의 체온이 있어요. 그래서 "아, 이 집은 정말 나도 같이 있었으면 좋겠다"고 느끼는 가정이 있고, "이 집은 냉랭하구나. 살 곳이 못 된다"고 느끼는 가정도 있습니다. 여러분의 가정이 건강 하려면, 세상의 나쁜 병균들로부터 면역력을 강화하려면, 가정의 체온을 올려야 합니다. 세상에서 지치고 힘들게 살다가 돌아온 가족이 내 집에 들어왔을 때, 가정이라고 하는 따뜻한 품에 안길 수 있어야 합니다. 차갑고 냉랭해서 세상으로 뛰쳐나가고 싶은 가정에서 어떻게 생명이 잉태되고 자랄 수가 있겠습니까? 가정의 체온을 1℃만 올려도 면역력이 5배로 증가합니다. 가정의 체온을 올려서 따뜻한 가정, 행복한 가정, 웃음이 넘치는 가정을 만들어 가시기 바랍니다. 여러분 가정에 힘들고 어려운 일들이 닥칠 때, 여러분 가정을 향하신 하나님의 마음을 꼭 기억하시기 바랍니다.

예레미야 선지자를 통해서 약속하신 말씀 가운데, 우리를 향하신 하나님의 마음이 있지 않습니까? "너의 장래에 평안을 주려고 하는 것이라, 너의 장래에 소망을 주려고 하는 것이라, 너희로 고생하며 근심하게 하는 것이 내 본심이 아니라." 이게 하나님의 마음인 줄 믿습니다. 이 하나님의 마음을 품고 사는 가정이 되기를 축원합니다.

2. 하나님의 마음: 좋은 일꾼을 만드는 마음

두 번째로, 좋은 일꾼을 만드는 것이 하나님의 마음이라는 것을 알 수 있습니다. 오늘 본문인 요나서를 보면 자주 등장하는 표현이 있습니다. "여호와께서 예비하사"란 표현이 몇 번 등장합니다. 요나서 1장 17절에도 "여호와께서 이미 큰 물고기를 예비하사"라는 표현이 나옵니다. 오늘 읽은 4장 6절에 "여호와께서 박넝쿨을 예비하사"란 표현이 있고, 4장 8절에도 하나님이 뜨거운 동풍을 예비하셨다는 표현이 나옵니다. 이렇듯 요나서에는 '하나님이 예비하셨다'라는 표현이 많이 사용되고 있습니다. 하나님은 큰 물고기와 박넝쿨, 뜨거운 동풍을 무엇을 위해서 예비하신 걸까요? 그것은 요나를 훈련 시키고, 깨닫게 해서 하나님이 원하시는 좋은 일꾼, 곧 하나님의 마음을 품은 일꾼으로 만드시기 위해서입니다. 모든 게 하나님이 하시는 작업입니다.

1) 요나를 일꾼으로 만드신 하나님

요나는 하나님께서 12만 명의 니느웨 백성을 구원하는 일에 대해선 조금도 기뻐하지 않으면서, 자기를 위해서 만든 박넝쿨은 대단한 기쁨을 가지고 애정을 보입니다. 요나는 박넝쿨이 말라 죽어 버린 것에 대해서 불같이 화를 내면서 하나님께 항의합니다. "하나님, 언제는 박넝쿨로 더위를 막아 주시고, 언제는 뜨거운 동풍이 불어서 그것을 말라 버리게 하시고, 왜 저를 들었다 놨다 하십니까?" 이러면서 하나님 앞에 항의하는 거죠. 그때 하나님이 말씀하십니다. "요나야! 너는 너만을 위해서 존재하는 저 박넝쿨 하나가 죽는 것이 그렇게 안타까우냐. 그렇다면 내가 만들었고 내가 사랑하고 내가 아끼는 니느웨 백성들 12만 명이 죽어가는 것을 내가 어찌 안타까워하지 않겠느냐!"

여러분, 우리가 보기에도 요나는 하나님의 뜻을 완전히 헤아리고 순종하여 하나님의 뜻을 따르는 그런 하나님의 일꾼이 되기에는 부족한 점이 많다고 생각되지 않습니까? 이런 요나를 하나님은 두 가지 방법으로 일꾼을 만드십니다. 첫째는 부족하다고 요나를 버리지 않았다는 사실입니다. 모자르다고 요나를 포기하지 않았다는 사실입니다. 하나님은 끝까지 요나를 붙잡았습니다. 그래서 큰 물고기도 예비하시고, 박넝쿨로 예비하시고, 큰 동풍도 예비하셨습니다. 하나님은 요나가 부족하고 모자라기 때문에 하나님의 일꾼 될 자격이 없다고 내쳐버리지 않으셨습니다. 그렇다고 해서 부족한 대로 모자란 대로 그냥 두고 보시지도 않았습니다.

그래서 두 번째 방법을 사용하셨죠. 그것은 바로 요나를 훈련시키고 깨닫게 하시는 것입니다. 요나의 모난 부분이 깨지게 하시고, 그를 회개시켜 하나님의 마음을 품는 사람이 되게 하셨습니다. 하나님은 광풍이 불어서 요나를 덮치게 합니다. 큰 물고기를 예비해서 물고기 뱃속에서 회개하게 하고 깨닫게 하십니다. 박넝쿨과 뜨거운 동풍을 예비하셔서 직접 하나님의 마음을 체험해 보게 하십니다.

요나서를 기록한 사람이 누구일까요? 요나 자신입니다. 요나의 자서전적 기록이 바로 요나서입니다. 자기를 반성하고 하나님의 뜻을 알리기 위해서 기록했죠. 그런데 요나가 마지막을 하나님의 질문으로 맺고 있습니다. 11절 마지막에 보면 "이 큰 성읍 니느웨에는 좌우를 분변하지 못하는 자가 십이만여 명이요 가축도 많이 있나니 내가 어찌 아끼지 아니하겠느냐 하시니라." 이렇게 질문으로 끝납니다. 옛날 개역성경에 보면 물음표로 끝을 맺고 있어요. 이 글을 읽는 사람마다 하나님의 질문에 대답하라고 요나가 말하는 것입니다. 아마도 하나님의 질문에 요나가 가장 먼저 대답을 했을 것입니다. 요나는 어떻게 대답을 했을까요? 여전히 "니느웨 백성을 구한 하나님이 잘못했습니다." 그렇게 대답했을까요? 아니면 "하나님 제가 틀렸습니다.

하나님이 옳으십니다." 그렇게 대답을 했을까요? "하나님이 잘못했습니다. 하나님이 틀렸습니다." 그렇게 대답했다면 요나가 이 글을 기록하지 않았을 것입니다. 요나가 이 글을 기록한 목적은 하나님의 마음, 하나님의 생각, 하나님의 계획이 무엇인지를 독자들에게 알리고자 함이죠.

이제 요나는 하나님의 마음을 알게 되었습니다. 자신이 부끄럽고 모자란 모습, 불순종하면서 큰 물고기 배속까지 들어가야만 했던 모습까지도 다 드러내면서 이 글을 기록한 것은, 요나가 진실한 하나님의 선지자가 될 만큼 성숙해졌다는 증거입니다. 이제 요나는 하나님의 질문에 대답할 수 있는 사람이 되었습니다. "하나님, 하나님이 옳습니다. 저는 하찮은 식물 하나에도 안타까운 마음을 가졌는데, 하나님은 12만 명을 아낀다는 것을 전혀 몰랐습니다. 제가 회개합니다." 요나는 이런 마음으로 요나서를 기록했죠. 요나가 어느새 하나님의 선지자가 되었다는 말씀입니다. 이것을 이루기 위해 하나님께서 모든 것을 예비하신 것입니다.

2) 하나님의 마음을 품은 교회의 일꾼

교회는 예수 그리스도의 '보혈의 은혜' 위에 세워진 사역 공동체입니다. 교회는 자기들끼리만 먹고 즐기는 그런 곳이 아니죠. 회원제로 운영되는 그런 공동체가 아닙니다. 니느웨와 같은 세상으로 나아가 하나님의 구원을 전파해야 합니다. 하나님은 세상을 구원하러 오셨지 교회를 구원하러 오신 것이 아닙니다. 교회는 세상을 구원하기 위한 하나님의 도구가 되어야 합니다. 이 사명을 감당하기 위해서 교회는 일꾼이 필요합니다. 그리고 직분자가 필요합니다. 하나님의 집을 돌볼 청지기가 필요합니다. 그렇다면 어떤 일꾼이 가장 필요할까요? 하나님의 마음을 품은 일꾼이 가장 필요합니다.

요나와 같이 자신의 고집과 이기심, 자신의 주장을 버리지 못하면 하나님의 일꾼이 되는 것이 아니라 하나님의 대적자가 되고 맙니다. 하나님은 이런 사람을 위해서 큰 물고기와 박 넝쿨 그리고 뜨거운 동풍을 예비하십니다. 즉 연단을 받게 하신다는 말씀입니다. 자신을 내려놓고 하나님의 마음을 품을 수 있도록 훈련시킵니다. 교회 일꾼이라고 해서 다 하나님의 마음을 품는 것은 아닙니다. 어떤 일꾼들은 같이 일을 해보면 송곳같이 날카로운 사람들도 있음을 아실 것입니다. 혼자 일을 하는 것과 함께 일을 하는 것은 다릅니다. 교회는 함께 일을 해나가는 것이죠. 그렇기에 함께 일을 할 수 있는 훈련이 필요합니다. 이 함께 일을 하는 능력, 이것을 '팀웍'이라고 하죠.

개인의 탁월함보다는 팀웍을 더 중요시할 수 있는 사람, 그런 사람이 바로 공동체의 좋은 일꾼이 될 수 있습니다. 그리고 그런 좋은 일꾼이 되는 것은 바로 하나님이 기뻐하시는 일입니다. 하나님은 요나를 훈련하여 하나님의 마음을 헤아리는 진실한 선지자로 변하게 하였습니다. 요나와 같이 우리도 부족하고 허물 많은 사람입니다. 믿음도 약하고, 하나님 말씀에 의지해서 살기보다 자신의 감정과 생각 그리고 자기의 중심으로 판단하며 살아가는 사람들입니다. 아직 우리 안에 그런 것들이 많이 남아 있습니다. 하지만 하나님은 우리의 과거를 주목하기보다는 우리의 현재와 미래를 더 주목하십니다.

우리의 과거는 다 똑같습니다. 하나님 앞에서 우리의 과거가 똑같습니다. 모두가 죄인입니다. 많이 가진 사람, 많이 배운 사람, 많은 권력을 가진 사람, 많은 인기를 누리는 사람, 그런 사람일지라도 하나님 앞에서 과거는 다 죄인입니다. 과거는 모두가 다 하나님 앞에서 죄인이라는 공통점을 가지고 있습니다. 그래서 똑같은 과거의 하나님이 우리를 매이게 하지 않으십니다. 과거를 벗어나서 오늘과 내일을 살아가기를 원하십니다. 과거보다는 더 나은 오늘, 오늘보다는 더 나은 내일을 위해서 전진해야 합니다. 그래서 하나님의 좋은 일꾼으로 변화되는 것, 이것이 바로 하나님의 마음인 줄 믿습니다.

3. 하나님의 마음을 품은 영은교회

사랑하는 성도 여러분, 우리 교회가 이런 마음을 품은 성도들로 충만한 교회가 되기를 축원합니다. 영은의 성도 한 사람 한 사람이 하나님의 마음을 품고 세상과 교회에서 빛처럼 소금처럼 살아간다면 하나님이 얼마나 기뻐하시겠습니까! 아마 하나님께서 이렇게 말씀하실 것입니다. "내가 영등포 양평동에 55년 전에 영은교회를 세운 것은 참으로 잘한 일이야. 내가 생각해도 대견스러워." 우리는 하나님이 보시기에 심히 기뻐하는 교회를 만들 수도 있고, 하나님이 보시기에 후회하는 교회를 만들 수도 있습니다. 하나님의 마음을 품은 교회가 될 때, 하나님이 보시기에 심히 좋은 교회가 될 줄로 믿습니다. 모두가 하나님의 마음을 품고 살아가는 성도가 될 때, 하나님이 기뻐하시는 교회가 될 줄로 믿습니다.

비전센터 건축도 지난주에 터파기 공사를 다 마쳤습니다. 어제 보니까 바닥에 콘크리트를 치고 있더라고요. 창립 55주년을 맞이하는 주일에 바닥 공사가 시작되었습니다. 새롭게 공정이 시작된 것입니다. 기초가 튼튼해서 안전하고 은혜로운 비전센터가 될 수 있도록 기도해 주시기 바랍니다. 요나서는 하나님의 마음을 우리에게 알려주고 있습니다. 온 세상 백성을 구원하기 원하는 하나님의 마음입니다. 하나님의 일꾼으로 부름을 받은 사람들이 하나님의 마음을 품고 교회와 세상을 섬기는 종들이 되기를 원하십니다. 창립 55주년을 맞아서 하나님의 마음을 품고 전진하는 교회가 됩시다.

우리 교회의 체온을 1℃ 올리시고, 여러분 가정의 체온도 1℃ 더 올리시기 바랍니다. 그래서 건강하고 힘 있는 교회, 활력이 넘치는 교회가 되어서 하나님께서 주신 복음의 사명, 선교의 사명, 예배의 사명을 주님 오시는 그날까지 힘차게 감당할 수 있기를 주의 이름으로 축원드립니다.

하나님 아버지, 감사드립니다. 창립 55주년을 맞이하기까지 한결같은 은혜와 사랑으로 지켜 주심을 감사드립니다. 에벤에셀의 하나님, 여기까지 도와주신 것 감사합니다. 수많은 성도를 보내 주셔서, 그들의 기도와 눈물과 헌신으로 주의 제단들을 세워나가게 하시니 감사합니다. 영광을 받아 주시옵소서. 아버지 하나님, 요나서를 우리가 강해하면서 하나님의 마음을 품은 교회가 되기를 원합니다. 하나님의 마음을 품은 성도들이 되기를 원합니다. 그래서 하나님의 마음을 품어서 더욱 든든하고, 더욱 평안하고, 더욱 은혜롭고, 힘 있는 교회가 되어 하나님이 맡겨 준 귀한 사명을 주님이 다시 오시는 그날까지, 주님 앞에 부름받는 그날까지 더 힘차게 감당하는 복된 교회가 되게 하여 주시옵소서. 주의 은혜가 충만한 교회가 되게 하여 주시옵소서. 예수님 이름 받들어 간절히 기도드립니다. 아멘.

기도, 구걸, 찬송, 영광

기도, 구걸, 찬송, 영광

|

본문: 사도행전 3장 1-10절
설교일: 2015년 7월 19일

여러분은 기적을 어떻게 생각하십니까? 기적이 있다고 믿으십니까? 아니면 기적 같은 것은 없다고 생각하십니까? 상대성이론을 발견한 아인슈타인 박사는 기적에 대해서 이렇게 말했습니다. "세상에는 두 가지 방법이 있다. 기적이란 없다고 믿는 것과 모든 것을 기적이라고 믿는 것이다. 나는 이 두 가지 방법 중에서 후자를 택하기로 하였다." 기적을 믿지 않기보다는 모든 것이 기적이라고 믿으면서 사는 쪽을 택하겠다는 말입니다. 기적을 거부하고 불신하는 사람들에게는 기적이 찾아오지 않습니다. 그러나 모든 것이 기적이라고 생각하면서 살아가는 사람은 매일 기적의 삶을 만나게 됩니다.

여러분, 오늘 우리는 주일 아침에 성전에 와서 예배드리고 있습니다. 예배드릴 수 있다는 것 자체도 어쩌면 기적 중의 기적일 것입니다. 어젯밤까지 건강하게 살았던 사람도 아침을 보지 못하고 하룻밤 사이에 죽을 수도 있습니다. 병으로 죽고, 사고로 죽고, 스스로 목숨을 끊는 사람도 있을 것입니다. 어제 살았다고 해서 오늘도 살 수 있다는 보장은 없습니다. 그러기에 어제와 동일한 모습으로 오늘 예배당에서 예배드릴 수 있다는 것이 기적입니다. 2부 예배를 마치고 나가는데 한 성도님이 갑자기 쓰러졌어요. 제가 설교를 방금 했는데 그분이 쓰러진 것을 보면서 "여기에 앉았다고 해서 끝까지 앉아있을 수 없구나" 하는 생각을 했습니다. 다행히 그분은 깨어나서 귀가하셨습니다.

여러분, 정말 우리가 무엇을 장담할 수 있겠습니까? 우리는 지난 주일에 이 자리에서 성수 주일 했습니다. 이번 주일에도 여전히 우리가 성수 주일 할 수 있다는 사실은 무엇을 말해 줍니까? 한 주 동안 우리의 삶은 하나님이 지켜 주시는 기적의 시간 속에서 살았다는 것입니다. 큰일이 되었든 작은 일이 되었든 우리의 삶에 일어나는 모든 것이 기적이라고 생각하고 감사하시기 바랍니다. 그럴 때 큰 기적들을 경험하는 삶이 될 줄 믿습니다.

1. 예수의 이름으로 일어난 기사와 표적

초대교회 시대에는 기사와 표적이 많이 일어났습니다. 지난 주일에 읽었던 사도행전 2장 43절 말씀을 보면 사도들로 말미암아 기사와 표적이 많이 나타났다고 했습니다. 예수님께서 지상에 계실 때에는 예수님으로 인해서 기사와 표적이 많이 나타났습니다. 예수님이 승천하시고 사도 시대가 되었습니다. 그러자 이제는 사도들로 말미암아 기사와 표적이 일어나기 시작했습니다. 예수님의 능력이 사도들에게 전승되었습니다. 하지만 사도들이 그 기사와 표적의 주인공은 아닙니다. 사도들이 기사와 표적을 행할 수 있었던 것은 그들에게 예수의 이름을 믿는 믿음이 있었기 때문입니다. 예수의 이름 속에는 예수님의 권능이 들어있습니다. 예수의 이름을 믿을 때 예수님이 행하셨던 기사와 표적들이 나타나게 된 것입니다. 그러므로 사도들처럼, 초대교회 성도들처럼, 예수 이름의 권세와 능력을 믿고 담대하게 선포하며 나아가는 자에게 기적을 체험하는 은혜가 임할 줄 믿으시기 바랍니다.

오늘 우리가 읽은 말씀은 사도들로 인해 나타난 기사와 표적 중에서 가장 대표적이고 먼저 일어난 사건입니다. 오늘 본문의 내용을 풀어보면 이렇습니다. 초대교회 성도들과 사도들은 예루살렘 성전을 중심으로 모이기를 힘썼습니다. 그들은 성전에 들어가서 기도도 하고, 사람들에게 '예수는 그리스도'라는 사실을 증거했습니다. 어느 날 베드로와 요한이 기도하기 위해 성전으로 올라가고 있었습니다. 유대인들은 하루에 두 번 내지 세 번, 시간을 정해서 성전 안에서 기도하든지 혹은 성전을 향해서 기도합니다. 성전에 갈 수 있는 사람은 성전 안에 들어가서 기도하고, 성전에 갈 수 없는 사람은 성전을 바라보면서 기도합니다. 다니엘서에 보면, 바벨론에 포로로 잡혀간 다니엘이 성전에 갈 수 없기에, 성전을 향하여 창을 열고 기도했다고 기록하고 있습니다.

베드로와 요한은 제9시, 즉 오후 3시 기도 시간에 맞춰서 성전으로 올라가고 있었습니다. 그런데 9시 기도 시간에 맞춰서 올라가는 또 다른 사람들이 있었습니다. 그들은 성전에 기도하러 올라가는 사람은 아니었습니다. 나면서부터 앉은뱅이가 되어서 걷지 못하는 사람을 메고 가는 사람들이었습니다. 앉은뱅이는 육체적인 장애 때문에 다른 일을 해서 먹고 살 수 없었습니다. 그래서 구걸하는 일을 할 수밖에 없었습니다. 예루살렘 성전에는 여러 개의 출입문이 있습니다. 그중에서 이방인의 뜰과 여인의 뜰 사이에 있는 문이 있는데, 이 문은 다른 문보다 크고 아름다웠습니다. 그래서 사람들이 아름다울 '미(美)' 자를 써서 '미문'이라고 불렀습니다. 이곳에 있으면 성전을 드나드는 사람에게 구걸하면서 살 수 있었기 때문에 날마다 이 사람을 성전 미문까지 데려다주는 사람이 있었습니다.

자리를 깔고 구걸하려고 할 때 베드로와 요한이 기도하기 위해 성전으로 올라가고 있었습니다. 걷지 못하는 사람은 두 사도를 발견하고 그들에게 구걸했습니다. 그들은 아마 이렇게 말했을지도 모릅니다. "두 분 선생님, 저를 불쌍히 여겨 주세요. 저는 나면서부터 지금까지 한 번도 걸어보지 못한 사람입니다. 그래서 할 수 없이 이곳에서 구걸하면서 살고 있습니다. 부디 자비를 베푸셔서 저에게 한 푼 적선해 주세요." 이렇게 말했을 것입니다. 이 말을 들은 베드로와 요한은 가던 길을 멈추고 그 자리에 앉아있는 사람을 보았습니다. 그리고 그에게 이렇게 말합니다. "우리를 보세요." 아마 이 순간 걷지 못하는 그 사람은 큰 기대를 했을 것입니다. "돈 있는 사람들은 무시하고 지나가거나, 아니면 말없이 동전 몇 푼 던져주고 가는데, 이 사람들은 멈추어 서서 자기를 보면서 '우리를 보세요!'라고 크게 소리치는 것을 보니까 아마 나를 도와주되 통 크게 도와줄 모양이구나." 이렇게 속으로 기대하면서 베드로와 요한을 쳐다보았을 것입니다.

그런데 뒤이어 들려오는 말소리는 매우 실망스러운 것이었습니다. 왜냐하면 베드로가 "은과 금은 내게 없다"라고 말을 했기 때문입니다. 걷지 못하는 사람이 원하는 것은 '구제금'이었습니다. 그런데 그것은 "내게 없다"라고 베드로가 말을 했으니 얼마나 실망했겠습니까? "아니, 돈도 없으면서 왜 나를 쳐다보라고 말을 하지? 재수 없게 시리." 아마 거지는 속으로 이런 생각을 하면서 불쾌했을 것입니다.

그 순간 베드로가 다른 말을 하기 시작했습니다. 이 말은 자기 평생에 한 번도 들어보지 못한 말이었고, 그런 말을 들으리라고는 꿈도 꾸지 못한 말이었습니다. 베드로는 "은과 금은 내게 없지만, 내게 있는 이것을 당신에게 드립니다. 곧 나사렛 예수의 이름으로 일어나 걸으세요." 지금까지 자기에게 일어나 걸으라고 말한 사람은 아무도 없었습니다. 동전을 주고 가는 사람, 그냥 스쳐 지나가는 사람은 수없이 있었어도, 자기에게 일어나 걸으라고 말하는 사람은 없었습니다. 그런데 베드로는 "나사렛 예수의 이름으로 일어나 걸으세요" 하면서 그의 오른손을 잡고 힘껏 일으켜 세웠습니다. 그 순간 자신도 알지 못하는 놀라운 기적이 일어났습니다. 한 번도 서보지 못하고 걸어 보지 못하던 발과 발목에 힘이 들어가고 곧게 펴지기 시작했습니다. 그리고 걸을 수도 있고 뛸 수도 있었습니다.

사도행전 4장 22절에 보면, 이 표적으로 인해서 병이 나은 사람이 40여 세쯤 됐다고 합니다. 그러니까 사십 년 동안 한 번도 걸어 보지 못했던 이 사람에게 엄청난 기적이 일어난 것입니다. 그는 걷고 뛰면서 성전 안으로 들어갔습니다. 그리고 자신에게 이루어진 놀라운 일을 감사하면서 하나님을 찬양했습니다. 그날 나면서부터 걷지 못하던 이 사람은 돈 몇 푼 받은 것으로 끝난 것이 아니라, 인생이 완전히 새로워졌습니다. 잃어버린 다리를 다시 찾았습니다. 잃어버린 인생을 다시 회복했습니다. 여러분 아무리 많은 은과 금이 있어도 이 절망적인 사람의 다리를 고쳐 낼 수는 없었을 것입니다. 그런데 나사렛 예수의 이름으로 불행과 절망은 끝이 났습니다. 더 이상 구걸하지 않아도 됐습니다. 더 이상 성전 미문에 데려다주는 사람이 없어도 됐습니다. 이제는 당당하게 자신의 발로 성전 안에 들어가서 하나님을 예배할 수 있게 됐습니다. 자신의 힘으로 살아갈 수 있는 소망이 생겼습니다.

오늘 본문을 통해서 우리는 많은 믿음의 교훈을 얻을 수 있습니다. 먼저 오늘 본문에 나오는 세 종류의 사람을 만나볼 수 있습니다.

1) 문제 있는 사람: 예수의 이름으로 일어난 사람

첫 번째 사람은 나면서부터 걷지 못해서 할 수 없이 성전 미문에서 구걸하며 살아가는 사람입니다. 이 사람은 인생의 어려운 문제로 힘들게 살아가는 사람을 의미합니다. 세상 모든 사람은 성전 미문 앞 앉은뱅이처럼 어려움과 문제가 있습니다. 겉으로 보기에는 아무 문제 없이 다 잘 사는 것같이 보여도 그 속을 깊이 들여다보면, 말 못 할 고민과 문제와 한숨과 눈물이 숨어 있습니다. 아무리 강하게 보이는 사람도 연약함을 가지고 있습니다. 돈으로도 권력으로도, 인기와 명예와 학식으로도 해결하지 못하는 죄 문제가 있습니다. 사람에게는 감출 수 있어도 하나님에게는 감출 수 없는 어두운 인생의 문제들이 있습니다. 이것이 인생의 실존적 모습입니다. 앉은뱅이는 육체적으로 40년 동안 일어날 수 없었던 사람이었습니다. 주저앉은 인생이었습니다. 그러나 예수님을 알고 난 후에, 그는 일어나서 걷고 뛰는 사람이 되었습니다.

여러분 인생의 방황은 은과 금으로 해결되는 것이 아니라, 예수를 만났을 때 끝이 날 줄 믿습니다. 예수를 만났을 때 주저앉은 인생이 일어날 수 있는 것입니다. 방황하던 삭개오의 인생은 예수를 만났을 때 끝이 났습니다. 열두 해를 혈루증으로 고생하며 모든 재산을 탕진했던 여인도 예수를 만남으로써 인생이 회복되었습니다. 온갖 귀신이 들려 미쳐 날뛰던 거라사의 광인도 예수를 만남으로써 평안한 사람이 되었고 순전한 인생이 되었습니다. 예수 안에 인생의 문제를 해결하는 능력이 있습니다. 여러분도 자신을 주저앉게 만들고 좌절하게 하는 문제 때문에 힘들고 괴로우십니까? 앉은뱅이를 일으켜 세운 주님의 이름을 붙잡고 일어서시기를 축원합니다.

영적으로도 마찬가지입니다. 믿음의 앉은뱅이가 돼서는 안 됩니다. 일어나야 할 사람이 일어나지 못하고, 걸어야 할 사람이 걷지 못하고, 뛰어야 할 사람이 뛰지 못하는 것은 믿음의 발과 발목에 힘이 없기 때문입니다. 믿음이 없으니 움직일 수가 없습니다. 하나님 보좌 앞에 담대히 나가야 하는 사람이 나가지도 못한 채 그 자리에 주저앉아 하나님께 영광도 돌리지 못하는 것입니다.

사랑하는 성도 여러분, 영적인 앉은뱅이의 자리에서 일어나시기를 간절히 소원합니다. 예수의 이름을 붙잡으시길 바랍니다. 아무리 믿어도 예수의 이름 없이 자신의 힘만으로 믿으려 하면 일어날 수가 없습니다. 자신의 감정에 따라 믿는 사람이 있습니다. 자신의 경험이나 지식에 따라 믿는 사람이 있습니다. 자신의 도덕적 선함과 정의감이 자기 신앙의 기준이 되어 살아가는 사람이 있습니다. 그것을 붙잡고 일어나기에는 너무도 연약합니다. 예수의 이름을 믿어야 합니다. 앉은뱅이가 치유되고 새로워진 힘이 어디에 있습니까? 오늘 본문 3장 16절 말씀에 분명하게 기록되어 있습니다. "그 이름을 믿음으로 그 이름이 너희가 보고 아는 이 사람을 성하게 하였나니 예수로 말미암아 난 믿음이 너희 모든 사람 앞에서 이같이 완전히 낫게 하였느니라." 앉은뱅이를 완전히 낫게 한 것은 예수로 말미암아 난 믿음입니다. 그 이름을 믿음으로 완전히 낫게 된 것입니다. 이것이 핵심입니다.

사랑하는 성도 여러분, 예수를 믿으시기 바랍니다. 예수의 이름을 부르는 자가 구원을 받는다고 했습니다. 예수의 이름으로 기도할 때 응답을 받는다고 하였습니다. 예수의 이름을 믿는 자가 하나님의 자녀가 되는 권세를 얻는다고 하였습니다. 은과 금으로 죄 사함을 받고 영생을 얻는 것이 아닙니다. 은과 금이 우리의 주저앉은 인생을 일으켜 세워 줄 수가 없습니다. 은과 금은 어차피 내가 이 세상 떠나는 날 우리의 손에서 함께 사라지는 것입니다. 성전 미문의 앉은뱅이가 일어나 걸을 수 있었던 것은 은과 금의 힘이 아니었습니다. 예수의 이름이었습니다. 예수의 이름을 붙잡기 바랍니다. 그래서 우리의 인생도, 우리의 믿음도 예수의 이름으로 일어나는 역사가 충만하길 축원합니다.

2) 데려다주는 사람: 섬기며 봉사하는 사람

두 번째 사람은 앉은뱅이를 성전 미문까지 데려다준 사람들입니다. 이 사람들은 앉은뱅이를 일으켜 세울 수는 없죠. 이들은 그를 고쳐줄 수도 없었습니다. 하지만 그가 살 수 있는 자리까지 데려다주는 고마운 사람들입니다. 그들은 봉사하는 사람입니다. 이타적인 사람입니다. 이런 사람을 성경에서는 '디아코노스'라고 합니다. 봉사하는 사람, 섬기는 사람, 수종 드는 사람이란 뜻입니다. 성경에 보면, 집사도 청지기도 앉은뱅이를 데려다준 사람도 '디아코노스'라고 부릅니다.

세상에는 거미 같은 사람, 개미 같은 사람, 꿀벌 같은 사람이 있다고 합니다. 거미 같은 사람은 자기가 살기 위해서 다른 사람에게 피해를 주는 사람입니다. 개미 같은 사람은 다른 사람에게는 피해를 주지 않지만, 오직 자기만의 성공을 위해서 사는 사람입니다. 그래서 자기만 잘 되면 끝입니다. 옆에 있는 사람이 굶는지 아픈지 어려운지 별로 신경 쓰지 않습니다. 타인의 삶은 타인의 사정으로, 내가 관심을 가지고 상관할 바가 아니라고 생각하는 사람입니다. 남에게 피해를 주지는 않고 열심히 살기는 하지만, 비정한 사람이고 인간성이 상실되어 가는 사람입니다. 꿀벌과 같은 사람은 이타적인 삶을 사는 사람입니다. 꿀벌은 부지런히 사회를 돌아다니며 달콤한 꿀을 수집하면서 꽃들이 서로 수정해서 열매를 맺게 만들어 줍니다. 그리고 꿀을 모으면 자기만 먹지 않습니다. 꿀벌의 수명은 상당히 짧다고 합니다. 하지만 짧은 생애 동안 부지런히 꿀을 모아서 후대를 위해서 남겨두고 사람에게도 맛있는 꿀을 선사합니다. 꿀벌과 같은 사람이 많을 때, 이 세상은 행복하고 평화로워지는 것입니다. 꿀벌과 같이 도와주는 사람들이 있었기에 성전 미문에 앉아 구걸하는 사람도 살아갈 수 있었습니다.

사랑하는 성도 여러분, 우리 그리스도인은 최소한 이렇게 섬기고 봉사하는 사람이 되어야 할 줄 믿습니다. 그냥 교회 다니는 신앙인으로 끝나는 것이 아니라, 작은 일에도 사랑과 섬김을 실천할 수 있는 사람이 되어야 합니다. 그래서 세상 사람들이 "역시 교회 다니는 사람이 다르긴 다르구나"라는 평가를 들을 수 있어야겠습니다.

갈라디아서 6장 2절에 "너희가 짐을 서로 지라 그리하여 그리스도의 법을 성취하라"라는 말씀이 있습니다. "너희가 서로 짐을 지라"는 게 무슨 뜻입니까? 서로 어렵고 힘든 일이 있을 때 도와주면서 살라는 뜻이죠. 그렇게 할 때 그리스도의 법이 성취된다는 말씀입니다. 그저 단순히 교회 와서 예배드리고 가고, 내 집이나 잘되고, 내 자식이나 잘되고, 내일이나 잘되게 해달라고 해서 그리스도의 법이 성취되는 것이 아니라는 말씀입니다. 서로 짐을 지고 살아갈 때 그리스도의 법이 성취되는 것입니다. 인간의 도움에는 한계가 있습니다. 그러나 내 힘과 내 능력이 허락하는 대로 도우며 살고, 섬기며 사는 사람은 복을 받습니다. 사도 바울은 인색함으로나 억지로 하지 아니하고 즐거이 내는 자를 하나님이 사랑하시고 복 주신다고 말씀했습니다. 인색하거나 억지로 하지 않고 즐거운 마음으로 하는 자를 하나님께서 사랑하십니다.

저는 개성공단에서 근무하는 북한의 근로자들이 세계에서 가장 임금을 적게 받는다는 사실을 엊그제 알았습니다. 인도네시아, 베트남, 해외 어떤 나라보다도 북한의 근로자들이 제일 임금을 적게 받고 있습니다. 개성공단 근로자들이 한 달에 얼마 받는 것 같습니까? 한 달에 8만 원을 받아요. 80만 원이 아닙니다. 모든 수당을 다 합쳐도 한 달 월급이 우리나라 돈으로 15만 원 조금 넘는다고 합니다. 그런데 개성공단에서 근무하는 남한의 근로자들은 평균 350만 원을 받습니다. 계산을 해보면 북한 근로자의 한 달 월급이 남한 근로자의 하루 일당도 안 된다는 거예요. 한 달 월급이 그러니 북한의 근로자들이 남한의 사람들을 볼 때 어떤 생각을 하겠습니까? 하루 일당 값도 안 되는 월급을 자기들이 받고 있다고 생각해보십시오. 제가 북한 편을 드는 것은 절대 아닙니다. 저는 북한에서 제일 먼 곳에서 왔습니다. 저는 종북좌파도 아닙니다. 저는 병역 기피자도 아닙니다. 최전방 DMZ에서 육군 만기 제대한 사람입니다. 우리 아버지는 월남전에서 공산군과 싸웠습니다. 아버지와 제가 합쳐서 나라를 지켜낸 수는 30년입니다. 저는 여당도 아니고, 야당도 아니고, 예배당 사람입니다. 하지만 어제 중앙일보 신문 사설을 보니까, 지금 남북한 개성공단 임금 협상을 하는데, 얼마를 가지고 다투고 있느냐면은요, 한 달에 145원 올려주는 것 가지고 입씨름을 하고 있습니다. 여러분 솔직히 대답해 보십시오. 한 달에 145원 올려주는 것도 못 하겠다고 하면서 어떻게 우리가 통일을 위해서 기도할 수 있겠습니까? 145원 올려주는 것에 인색하면서 통일을 하게 해달라고 기도하면 하나님이 그 기도 들어주시겠습니까? 제가 하나님이라면 기도 못 들어 줍니다. 145원이 서울 땅바닥에 떨어져도 줍는 사람 별로 없을 것입니다. 아무리 남북관계에 원칙이 중요하다고 해도 이것은 아닌 것 같습니다.

"인색함이나 억지로 하지 말라 하나님은 즐거이 내는 자를 사랑하시고 복을 주시니라." 이것은 개인에게만 해당하는 말씀이 아닙니다. 나라의 정책에도 해당하는 말씀입니다. 나누고 베푸는 일에 인색하지 않은 나라는 복을 받을 줄 믿습니다. 잘사는 선진국을 보세요. 나누고 베풀 줄 아는 나라들 아닙니까? 걷지 못하는 사람을 성전 미문까지 데려다주는 사람이 없었다면, 기적의 역사가 일어날 수 없었을 것입니다. 하지만 그들의 봉사와 섬김이 하나님을 찬양하고 하나님께 영광 돌리는 기적을 일으키는 마중물이 되었습니다. 사랑하는 성도 여러분, 우리도 섬김과 봉사의 삶을 실천하게 될 때 하나님께 영광 돌리고 기적을 일으키는 마중물과 같은 삶이 될 줄 믿습니다.

3) 성전을 가까이 한 사람: 베드로와 요한

세 번째 사람은 베드로와 요한입니다. 그들은 기도하는 사람이었습니다. 제구시 기도 시간에 맞춰서 성전으로 올라간다는 것은, 규칙적으로 기도했다는 것입니다. 그들은 성전을 가까이하고 성전을 사랑하는 사람들입니다. 그들이 기도하러 다른 장소에 갔더라면 성전 미문에 앉은 사람을 고쳐주는 기적의 역사를 보지 못했을 것입니다. 베드로와 요한은 성전을 가까이하는 믿음의 사람들이었습니다. 사실 예루살렘 성전은 그냥 성전이 아니죠. 하나님의 약속이 있는 곳입니다. 솔로몬 왕이 성전을 짓고 봉헌 예배를 드렸을 때, 하나님께서 기도 응답을 분명히 약속했습니다. "너희들이 이곳에 와서 기도할 때 내가 하늘에서 듣고 응답하리라."

성전은 하나님의 마음과 눈길이 항상 머무는 곳입니다. 성전은 건물 자체가 위대하거나 특별한 것은 아닙니다. 그곳에 하나님의 임재가 있기에 거룩하고 영광스러운 것입니다. 하나님이 떠나버린 성전은 그냥 건물에 지나지 않습니다. 이사야 선지자는 성전 가득히 하나님의 영광이 충만함을 보았습니다. 그러므로 우리가 성전에 와서 하나님의 영광을 볼 수 있기를 소원합니다. 하나님의 임재 앞에 두렵고 떨림으로 기도할 수 있길 바랍니다. 우리의 기도를 들으시겠다고 약속한 하나님을 기억하며, 성전에 와서 기도하기를 기뻐하는 성도님들이 될 수 있기를 바랍니다.

베드로와 요한은 물질적으로는 가난했습니다. 그러나 영적인 권세와 능력이 있었습니다. 그래서 앉은뱅이의 손을 붙잡고 일으켜 세웠습니다. "주님의 이름으로 일어나 걸어라"라고 선포했습니다. 교회와 성도들은 예수 이름의 권세를 가지고 세상을 살아가는 존재들입니다. 여러분이 무엇을 가지고 자부심을 느끼며 살아가고 있습니까? 돈입니까? 권력입니까? 명예입니까? 학식입니까? 잘난 얼굴입니까? 그리스도인에게 있어서 모든 것은 하나님의 영광을 위해서 사용할 수 있습니다. 시간이든, 돈이든, 몸이든, 은사와 달란트든, 지식이든, 인간관계든, 사업이든, 직장이든, 여러분이 무엇을 가졌든지 간에 예수의 이름을 사용하면 하나님께 영광 돌릴 수 있습니다.

예수의 이름은 절망의 자리에 있는 사람에게 힘을 주었습니다. 주님은 성전을 바라보기만 하던 사람에게 성전 안으로 들어갈 수 있는 기쁨을 주었습니다. 예수의 이름으로 자신의 운명을 탓하며 불평하고 원망하며 살아가던 사람이 감사와 찬송의 사람으로 바뀌게 되었습니다. 3장 19절 말씀에 보면 이런 말씀이 나옵니다. "그러므로 너희가 회개하고 돌이켜 너희 죄 없이 함을 받으라 이같이 하면 새롭게 되는 날이 주 앞으로부터 이를 것이요." 아멘! 이같이 하면 새롭게 되는 날이 주 앞으로부터 이르게 된다고 합니다. 새롭게 되는 인생, 새롭게 되는 삶이 주님으로부터 임하게 될 것입니다. 할렐루야! 그렇습니다. 주님 안에서 새롭게 되는 날이, 새롭게 되는 인생이, 새롭게 되는 시간이 올 것입니다.

2. 우리도 예수의 이름으로 살아가길

여러분 가운데 성전 미문의 앉은뱅이처럼 믿음이 약하고 지쳐서 주저앉은 분들이 계십니까? 먼저 주님의 이름으로 일어날 수 있기를 소원합니다. 걷지 못하던 사람이 베드로의 손을 잡고 일어났던 것처럼,

주님의 말씀을 붙잡고 주저앉은 자리에서 일어나시기 바랍니다. 발과 발목에 힘을 얻은 앉은뱅이처럼, 여러분도 예수의 이름으로 기도하여 믿음의 발과 발목에 새 힘을 얻을 수 있기를 소망합니다. 이제 여러분이 힘을 얻어서 일어나셨으면 합니다. 봉사하고 섬기는 사람이 되셨으면 합니다.

나만을 위한 이기적인 사람이 아니라, 이웃과 더불어 살아가는 사람들이 되어야 합니다. 그때 전도의 문이 열리고 칭찬받는 성도가 될 수 있습니다. 베드로의 장모가 열병으로 앓아누웠습니다. 주님이 찾아가서 그녀를 만져 주셨습니다. 베드로의 장모가 일어났습니다. 성경에 보니까 "병이 나은 베드로의 장모는 일어나서 예수께 수종 들더라"라고 기록되어 있습니다. 병이 나았으니 이제는 수종 드는 사람이 되었다고 합니다. 은혜를 받았으면 일어나서 수종 드는 사람이 되어야 할 줄 믿습니다.

하나님이 은혜 주시고 힘주시고 기회와 복을 주시는 것은 하나님의 영광과 하나님의 나라를 위해서 수종 드는 사람이 되기를 원하시는 것입니다. 베드로와 요한처럼 예수의 이름으로 살아가기를 축원합니다. 세상은 점점 악해져 가고 있습니다. 점점 어두워져 가고 있습니다. 점점 메말라 가고 있습니다. 우리가 믿고 의지할 것이 무엇입니까? 세상에는 은과 금이 차고 넘쳐도 굶어 죽는 사람이 많아지고, 전쟁으로 죽는 사람도 많아지고, 사고로 죽는 사람도 많아지고 있습니다. 지치고 곤해서 스스로 한 많은 세상을 떠나는 사람도 많습니다. 예수의 이름이 없기 때문입니다. 복지가 아무리 잘 된 나라라고 할지라도 예수의 이름이 사라지면 허무하고 공허한 인생을 이기지 못해 자살하는 사람이 많게 됩니다.

사랑하는 성도 여러분, 먼저 예수의 이름으로 주저앉은 인생에서 일어날 수 있기를 축원합니다. 예수의 이름으로 기도하고, 예수의 이름으로 섬기고, 예수의 이름으로 하나님께 영광 돌리는 저와 여러분이 되시길 주님의 이름으로 축원합니다.

하나님 아버지, 예수의 이름으로 일어서게 하옵소서. 나사렛 예수의 이름으로 한 번도 걸어보지 못한 앉은뱅이를 일으켜 세우셨던 주님! 오늘 우리에게 참으로 필요한 것이 무엇인지 깨닫게 하옵소서. 지치고 곤하고 낙심된 우리 가운데, 믿음이 주저앉은 자에게 성령님이 말씀하여 주옵소서. 말씀을 듣고 다시 예수의 이름을 붙잡고 일어서게 하옵소서. 예수 이름으로 기도하고, 예수 이름으로 섬기고, 예수 이름으로 하나님께 영광 돌리는 복된 인생이 다 되도록 도와주시옵소서. 예수님 이름 받들어 간절히 기도하옵나이다. 아멘

Chapter 05

충만한 교회

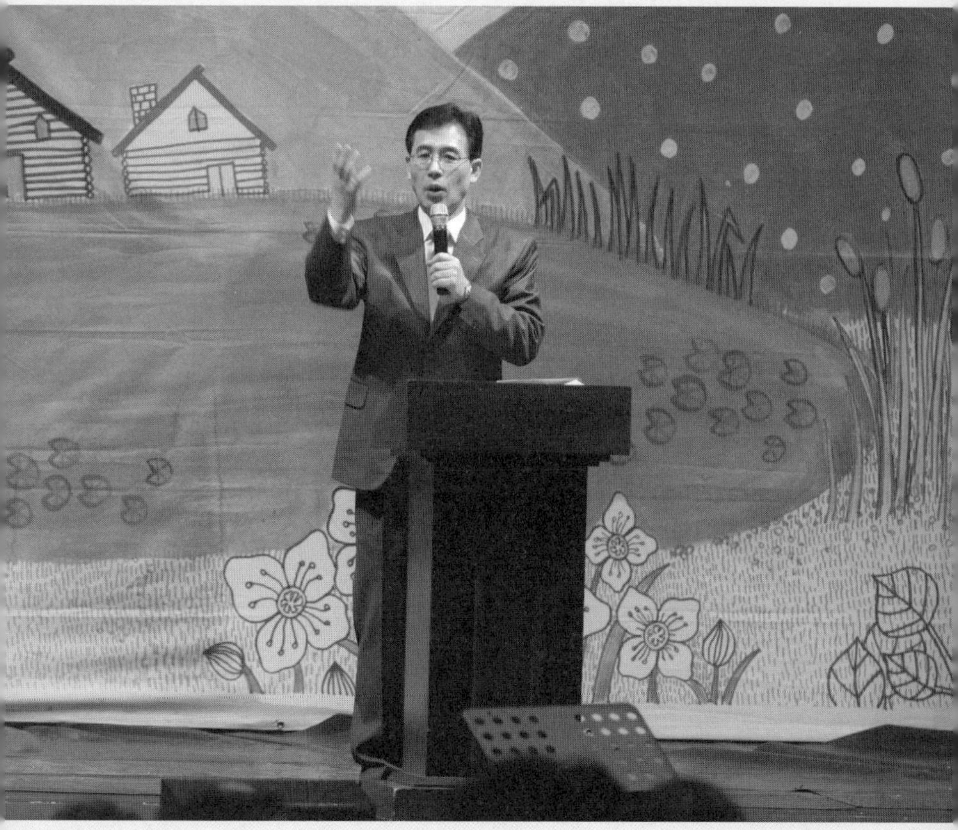

충만한 교회

본문: 사도행전 4장 23-37절
설교일: 2015년 8월 9일

이 땅에는 수많은 가정이 있습니다. 가정마다 공통된 모습을 가지고 있기도 하지만, 그 속을 들여다보면 그 사는 모습이 각각 다릅니다. 사랑과 화목이 넘치는 행복한 가정이 있는가 하면, 서로 다투고 미워하면서 불행하게 사는 가정이 있기도 합니다. 물질적으로 세상적으로 넉넉하고 부요하지만, 냉랭하게 사는 가정도 있습니다. 반대로 하루 벌어서 하루를 살아야 하는 가난과 어려움 속에서도 감사하며 행복하게 사는 가정도 있습니다. 어떤 가정은 나 홀로 사는 가정도 있습니다. 어떤 가정은 3대가 함께 모여 사는 대가족도 있습니다. 이웃으로부터 인정을 받고 칭찬받는 가정이 있는가 하면, 이웃에게 손가락질받는 가정도 있습니다. 이처럼 세상에는 수많은 가정이 저마다의 모습을 가지고 살아가고 있습니다. 여러분의 가정은 어떠한 모습을 하고 있습니까?

가정이 혈연적인 가족 공동체라고 한다면, 교회는 공통의 신앙을 기반으로 한 영적인 가족 공동체입니다. 이 땅의 수많은 가정이 저마다 서로 다른 모습을 하고 있듯이, 교회도 서로 다른 모습을 가지고 있습니다. 교회마다 하는 일도 다양하죠? 어떤 교회는 뜨겁게 기도하고, 어떤 교회는 전도를 열심히 하고, 어떤 교회는 봉사와 구제를 많이 하고, 어떤 교회는 말씀을 사모하는 데 열심을 내기도 합니다. 각각의 교회마다 처해있는 상황과 조건이 다르기에 교회가 활동하고 존재하는 모습도 조금씩은 다릅니다.

교회를 판단할 때 가장 중요한 기준은 성경적인가 아닌가 하는 것입니다. 교회가 얼마나 큰가 작은가가 아닙니다. 교회의 존재 목적과 활동에 대한 기준은 성경에 있습니다. 성경적 교회 상이야말로 이 세상 모든 교회가 추구해야 할 본질적인 교회의 모습입니다. 사도행전은 성경적 교회가 어떠해야 하는가를 우리에게 잘 알려주고 있습니다.

1. '충만'의 의미

마태, 마가, 누가, 요한, 이 네 복음서가 예수님의 인격과 생애, 사역을 독자에게 알려준다면, 사도행전은 초대교회의 모습과 초대교회 일꾼들의 삶을 우리에게 알려줍니다. 그중에서도 오늘 우리가 읽은 사도행전 4장은 성경적 교회의 모습을 가장 잘 보여주고 있습니다. 초대교회는 어떠한 교회였을까요? 한마디로 '충만한 교회'였습니다. 충만하다는 말은 차고 넘친다는 말이죠.

여러분, 하나님은 어떤 분이라고 생각하십니까? 하나님은 충만한 분이십니다. 그래서 예레미야 23장 24절에 보면 "나 여호와가 말하노라 나는 천지에 충만하지 아니하냐"라고 말씀하고 있습니다. "나는 천지에 충만하지 아니하냐." 하나님은 충만하신 분이기 때문에 충만한 것을 좋아하십니다. 그래서 창세기 1장에 보면 하나님이 다섯째 날에 땅에 사는 모든 생물을 만드신 후에 그들에게 복을 주실 때 "생육하고 번성하고 충만하라"라고 하는 복을 주셨습니다. 여섯째 날에 사람을 만드신 후에도 "생육하고 번성하고 충만하라"라고 말씀하셨습니다.

하나님은 복을 주셔도 그저 조금 주고 마는 분이 아니라, 충만하게 주시기를 원하십니다. 그래서 시편 81편 10절에 "나는 너를 애굽 땅에서 인도하여 낸 여호와 네 하나님이니 네 입을 크게 열라 내가 채우리라"라고 말씀하십니다. 이스라엘 백성들을 죽음의 땅 애굽에서 모세를 통해 인도해 내신 하나님은, 메시아 예수 그리스도를 통해서 믿는 자들을 죄와 사망의 땅에서 구원해 주셨습니다. 하나님께서 약속하십니다. "네 입을 크게 열라. 내가 채우리라." 여기서 '채운다'라는 말은 '충만하다'라는 말과 같은 말입니다. 사랑하는 성도 여러분, 하나님의 언약 말씀에 모두가 '아멘' 할 수 있기를 축원합니다.

2. 하나님이 원하는 충만한 교회

우리에게 충만함의 복을 주시기 원하시는 하나님은 교회도 충만함으로 채워 주시기를 원하십니다. 하나님이 원하는 교회는 충만한 교회입니다. 교회가 충만할 때 세상 곳곳에 복음의 생명수를 전달할 수 있습니다. 교회가 충만하지 못하면 공중의 권세 잡은 악한 마귀 손에 붙잡힌 영혼들을 구해 내기가 어렵습니다. 그래서 교회는 충만해야 합니다. 에베소서 1장 23절에 보면 교회가 무엇인지 잘 나와 있습니다. "교회는 그의 몸이니 만물 안에서 만물을 충만하게 하시는 이의 충만함이니라." 교회는 '충만'이라는 것입니다. 교회는 그리스도의 몸인 동시에 성부 하나님의 충만입니다. 이렇게 충만함으로 가득한 교회가 바로 초대교회였습니다. 그렇다면 초대교회는 무엇으로 충만했을까요? 오늘 네 가지를 말씀드리려고 합니다.

1) 예수 이름으로 충만한 교회

첫째, 초대교회는 예수 이름으로 충만했습니다. 이미 지난 설교 시간에 말씀을 드렸습니다만, 베드로와 요한이 성전 미문에 앉아서 구걸하고 있는 사람에게 무엇이라고 외쳤습니까? "은과 금은 내게 없거니와 내게 있는 것으로 네게 주노니 곧 나사렛 예수의 이름으로 일어나 걸으라"라고 했습니다. 베드로와 요한 외에도 초대교회의 사도들과 성도들은 언제나 예수의 이름을 자랑하고, 예수의 이름으로 기도하고, 예수 이름을 선포하였으며, 예수 이름으로 전도하고, 병 고치고, 용기와 위로를 얻었습니다. 초대교회는 예수로 충만한 교회였습니다. 은과 금이 없어도 예수의 이름이 충만하면 교회에 놀라운 역사가 일어납니다. 예수의 이름이 충만할 때 성도의 삶이 변하고 성도의 가정이 변합니다. 충만하지 못하니까 능력이 나타나지 않는 것입니다.

수력 발전소가 언제 전기를 생산합니까? 댐에 물이 충만히 채워져야 수문을 열고 발전기를 돌릴 수 있지 않습니까? 그런데 가물어서 비가 오지 않아요. 그래서 댐에 물이 안 차요. 그러면 아무리 댐을 크게 지어도 전기를 만들어 내기 어렵습니다. 댐에 물이 채워져야 발전기가 돌아갈 수 있고 전기가 나올 수 있습니다. 영적 댐도 마찬가지입니다. 예수로 충만해야 합니다. 예수로 충만하다는 것은 무엇입니까? 광신도가 되라는 말씀이 아닙니다. 예수님이 내 안에, 내 안에 예수님이 가득하게 있는 것입니다.

"너희가 내 안에 거하고 내 말이 너희 안에 거하면 무엇이든지 원하는 대로 구하라 그리하면 이루리라"(요 15:7). "가지가 포도나무에 붙어 있지 아니하면 스스로 열매를 맺을 수 없음 같이 너희도 내 안에 있지 아니하면 그러하리라"(요 15:4).

주님이 내 안에 내가 주님 안에 있는 것입니다. 슬플 때나 기쁠 때나 행복할 때나 불행할 때나, 인생의 비 오는 날이나 맑은 날이나 언제나 내가 주님을 신뢰하면서 주님과 동행하는 삶을 말합니다. 교회 다니는 사람들이 교회 다니는 사람으로서 끝나는 것이 아니라, 그것을 넘어서 예수로 충만한 삶을 살아야 합니다. 그런 성도님들이 되시기를 축원합니다. 예수로 충만한 우리가 될 때 우리 안에 기쁨이 넘치고 용기도 생깁니다. 그래서 찬양을 몰라도 정말 힘차고 의롭게 부를 수 있습니다.

"주 예수 사랑 기쁨 내 마음속에, 내 마음속에, 내 마음속에.
주 예수 사랑 기쁨 내 마음속에, 내 마음속에 있네.
나는 기뻐요. 정말 기뻐요. 주 예수 사랑 기쁨 내 맘에.
나는 기뻐요. 정말 기뻐요. 주 예수 사랑 기쁨 내 맘에."

은과 금이 내 안에 가득 차서 그 기쁨이 넘치는 것이 아니라, 주 예수 사랑 기쁨이 내 안에 있어서 충만합니다.

"이제는 정죄 없네. 예수 안에서. 예수 안에서. 예수 안에서.
이제는 정죄 없네. 예수 안에서. 예수 안에서 없네.
나는 기뻐요. 정말 기뻐요. 주 예수 사랑 기쁨 내 맘에.
나는 기뻐요. 정말 기뻐요. 주 예수 사랑 기쁨 내 맘에."

할렐루야! 휴가 갔다 오니까 노래도 더 잘 되네요. 얼마나 좋은 찬양입니까? 아! 이 찬양을 부를 때 여러분의 얼굴이 예배시간에 활짝 피어야 하는데, "왜 예배시간에 이런 찬양을 부르나" 하는 모습을 보면서 제가 마음이 좀 아팠습니다. 초대교회는 예수로 충만한 교회였습니다. 초대교회 성도들은 은과 금이 없어도 예수 이름의 권세와 능력으로 승리했습니다. 우리 교회도 예수님으로 충만한 교회가 됩시다. 그래서 예수의 이름으로 서로 축복하고 사랑하고, 예수의 이름으로 다음 세대들을 가르치고 교육하고, 예수의 이름으로 기도하고 전도하고, 예수 이름의 권세와 능력으로 승리하는 그런 성도, 그런 교회가 되기를 간절히 축원합니다.

2) 기도로 충만한 교회

둘째로 초대교회는 기도로 충만했습니다. 이런 말이 있죠. "부흥하는 교회는 기도로 시간을 보내고 부흥하지 못하는 교회는 회의로 시간을 보낸다." 말씀이 영적인 양식이라면 기도는 영적인 호흡이죠. 개인이든 교회든 간에 기도가 약해지면 영적인 생명력도 그만큼 약해지는 것입니다. 교회는 세상적으로 보면 매우 약한 공동체입니다. 자기를 핍박하고 괴롭히는 권세자와 맞서 싸울 힘이 없습니다. 그래서 교회가 할 수 있는 것은 오직 하나, 기도뿐입니다. 오늘 본문 4장 말씀에도 보면 복음을 전하는 사도들을 핍박하고 위협하는 장면들이 여러 군데 나오는 것을 볼 수 있습니다. 4장 3절에 "사도들을 잡아서 가두었다"라는 말씀이 있습니다. 17절에는 "위협하고 경고했다"라는 말씀이 있습니다. 21절에 또다시 위협을 합니다. 이렇게 위협하는 상황 속에서 사도들이 함께 모여서 기도하고 있습니다.

예수님을 대적하고 잡아서 죽였던 헤롯과 빌라도와 모든 관원과 제사장들과 장로들이 서로 모의해서 메시아를 잡아 죽였던 것처럼, 다시 교회와 사도들을 대적하고 잡아 죽이기 위해서 똑같이 지금 모여 있는 것입니다. 우리는 오늘 본문에서 대조적인 두 그룹의 사람들을 발견하게 됩니다. 한 그룹의 사람들은 관원과 종교지도자들입니다. 그들은 유대 사회에서 가장 큰 권력을 가진 산헤드린 공회원입니다. 이 사람들은 초대교회 사도들을 잡아 죽이고, 초대교회를 무너뜨리려고 하는 사람들입니다. 그래서 그 일을 하기 위해 모여서 모의하고 회의하고 있습니다. 사도들을 죽이려고 모의하는 사람들은 막강한 권력을 가진 사람들입니다.

그런데 다른 한 그룹의 사람들은 이들로부터 박해를 당하고 있는 사람들입니다. 이들은 모여서 모의를 하는 것이 아니라 모여서 기도하고 있습니다. 자신들을 위협하고 있는 사람들로부터 하나님께서 지키고 보호하여 주시기를 간절히 기도하고 있습니다. 한 그룹의 사람들은 모여서 "어떻게 하면 저 사람들을 죽일까? 어떻게 하면 교회를 무너뜨릴까?" 모의하고 있고, 또 한 그룹의 사람들은 모여서 하나님께 간절히 기도하고 있습니다. 여러분, 이 두 그룹의 사람 중에서 누가 승리했을까요? 모의하는 사람들이 이겼을까요? 기도하는 사람들이 이겼을까요? 기도하는 사람들이 이긴 줄 믿습니다. 함께 모여 모의하는 산헤드린 공의회가 이긴 것이 아니라, 함께 모여 기도하는 사도들과 성도들이 이겼습니다.

어떻게 그들이 이겼다는 것을 알 수 있습니까? 31절 말씀에 "빌기를 다함에 모인 곳이 진동하더니 무리가 다 성령이 충만하여 담대히 하나님의 말씀을 전하니라"고 기록하고 있습니다. "담대히 하나님의 말씀을 전하니라." 이것이 바로 승리했다는 증거입니다.

사도들이 기도한 내용은 크게 세 가지입니다. 첫 번째는 그들의 위협을 굽어살펴 주시옵소서. 두 번째는 종들로 하여금 담대히 하나님의 말씀을 전하게 하여 주옵소서. 세 번째는 손을 내밀어 병이 낫게 하시고 표적과 기사가 거룩한 종 예수의 이름으로 이루어지게 하옵소서. 이처럼 사도들은 종교지도자들의 협박에도 불구하고 담대히 하나님의 말씀을 전할 수 있기를 기도했습니다. 그 기도대로 그들은 힘을 얻어서 담대히 주님의 말씀을 전했습니다. 결국, 세상 권세와 권력과 힘으로 누르고 죽이려고 모의하는 자들이 이긴 것이 아니라, 약한 가운데서도 함께 모여 간절히 기도한 사람들이 이겼다는 말씀입니다. 따라서 해봅시다. "기도하는 사람이 이깁니다!"

영락교회에서 만드는 잡지가 있습니다. 우리 교회 월간『동행』과 같은 잡지인데요. 그 잡지에서 감사원에서 33년 동안 공직생활을 잘 마치고 명예스럽게 퇴직한 집사님의 간증을 읽었습니다. 감사원은 우리나라 최고 권력기관 중 하나가 아닙니까? 뇌물과 향응도 많이 있습니다. 그만큼 위험도 많습니다. 그분은 정말 판단하기가 어려울 때, '내가 가야 할 자리인가, 가지 말아야 할 자리인가'를 결정할 때 순간순간 하나님께 화살기도를 했다고 합니다. 직장생활과 지방 출장에서는 성전에 앉아서 기도할 시간이 없습니다. 그때 순간순간 결정할 기도 제목들을 놓고, 짧지만 집중적으로 하나님께 하는 기도가 화살기도입니다. 한순간 화살을 쏘아 올리듯이 하나님께 기도 제목을 쏘아 올리는 것입니다. 집사님은 화살기도를 할 때마다 하나님께서 적절한 응답을 주셔서 끝까지 유종의 미를 거둘 수 있었다고 합니다.

승진하려면 윗사람을 잘 모실 줄 알아야 하고, 골프도 배우고 술도 먹을 줄 알아야 한다고 선배들이 코치했답니다. 그럴 때마다 그는 "골프 배우는 시간 동안 제가 윗분들을 위해서 더 많이 기도하겠습니다. 술을 마시지 않아서 승진하지 못한다면 차라리 저는 승진하지 않겠습니다. 그 대신 술 못 먹는 사람은 일도 못 한다는 말은 듣지 않겠습니다. 술 마시는 사람보다 일을 더 잘하도록 하겠습니다." 이렇게 대답했다고 합니다. 아무리 먼 곳에 출장을 가도 반드시 주일에는 서울로 돌아와서 본교에서 주일 성수를 하고, 교회학교 교사로서 봉사하고, 다시 돌아가 일을 봤다고 합니다. 이렇게 세상 '빽' 의지하거나 세상 '수단' 의지하지 않고도 오직 기도와 성실함으로 감사원 공직자 33년을 잘 마쳤습니다. 다른 사람들보다 핵심 보직에 더 오래 근무했었고, 고위 공직자로 명예롭게 퇴직을 했습니다.

사랑하는 성도 여러분, 크리스천인 우리가 세상에서 사업을 하든, 직장을 다니든 간에 말씀과 기도에 의지해서 살아도 승리하지 못한다고 의심하면서 사는 것만큼 불쌍하고 불행한 것은 없습니다. 기도하는 사람이 이깁니다. 성경 말씀 따라 양심대로 사는 사람이 승리합니다. 이것에 대한 분명한 확신이 없으면 여러분은 세상의 어떤 수단을 가지고 살겠습니까? 골프를 배우겠습니까? 술을 먹겠습니까? 뇌물을 바치겠습니까? 아닙니다. "최종적으로 기도하는 사람이 이긴다. 말씀대로 사는 사람이 이긴다!" 이런 확신이 있어야 합니다. 기도하는 사도들이 세상의 관원들과 군왕들의 모의를 이겼습니다. 세상의 수단과 방법을 의존하지 않고, 세상 부귀에 가담하지 않고, 기도의 시간을 늘리고, 실력을 기르는 일에 집중하시기 바랍니다. 그러면 기도

하는 사람이 이겼던 것처럼, 여러분도 반드시 이길 줄 믿습니다.

3) 성령으로 충만한 교회

셋째로 초대교회는 성령으로 충만한 교회였습니다. 31절에 "무리가 다 성령이 충만하여"라고 했습니다. 우리의 주변이나 가족 중에 아무리 전도를 해도 전도가 잘 먹히지 않는 사람들을 보게 됩니다. 전도가 될 듯 될 듯하면서도 안 되는 사람이 있습니다. 반대로 어떤 사람은 마치 정말 기다렸다는 듯이 함께 교회로 오는 분도 있습니다. 이런 현상이 무엇을 말하는 것일까요? '믿어지는 것', '교회 다니는 것', 이것은 사람의 인력으로 되는 게 아닙니다. 하나님의 은혜로 믿고 교회 나오는 것이지, 머리와 가슴으로 되는 것이 아닙니다. 그래서 은혜가 아니면 믿음의 문이 열리기도 어렵고, 설령 믿고 교회에 나온다고 해도 얼마 못 가서 중간에 뿌리가 뽑히고 맙니다. 그런데 성령이 그 안에 들어가서 역사하시게 되면, 사울이 변해서 바울이 된 것처럼 놀랍게 한순간에 변화되고 엄청난 믿음의 사람이 됩니다.

맹숭맹숭하고 미지근했던 신앙이 어느 한순간 뜨겁고 충만한 신앙으로 바뀝니다. 이게 바로 성령 충만이고, 성령 세례입니다. 오늘 본문에도 초대교회 성도들이 성령으로 충만했습니다. 성령 충만은 두 가지 양태로 나타납니다. 첫째는 오순절 성령 충만입니다. 사도행전 2장 4절에 보면 초대교회 성도들이 맨 처음에 성령 충만함을 받았습니다. 이때의 성령 충만은 성도들의 구원과 관계된 성령 충만입니다. 성령 충만을 받은 성도들은 권능을 얻었습니다. 그리고 방언이 터졌습니다. 그래서 믿음이 더욱 강해지고 담대히 복음을 전했습니다. 이 일로 인해서 수많은 사람이 회개하고 주님을 영접했습니다. 그래서 오순절 성령 충만은 우리 믿음의 밭을 갈아엎는, 그리고 그곳에 씨를 뿌리는 그런 성령 충만입니다. 이런 성령 충만함이 필요합니다. 그런데 성령 충만만 있으면 안 됩니다.

그래서 두 번째 양태의 성령 충만함이 필요합니다. 첫 번째 오순절 성령 충만함이 믿음의 밭을 기경하여 씨를 뿌리는 역할을 한다면, 두 번째 성령 충만함은 뿌려진 씨앗이 잘 자라서 열매를 맺게 하는 성령 충만입니다. 오순절 성령 충만함이 성도의 구원과 관계된다면, 두 번째 성령 충만함은 성도의 성화, 즉 신앙의 성숙과 관계됩니다. 씨앗이 자라서 꽃이 피고 열매를 맺어야 하듯이, 믿음도 자라서 꽃이 피고 열매를 맺어야 합니다. 성도가 맺어야 할 열매는 갈라디아서 5장 22절에 나와 있는 성령의 열매입니다. "사랑 희락 화평 오래 참음 자비 양선 충성 온유 절제니 이 같은 것을 금지할 법이 없느니라." 식물이 좋은 과실을 맺으려면 비료와 거름을 잘 뿌려줘야 하듯이, 성도가 신앙이 성숙해지고 신앙의 열매를 맺으려면 성령 충만함이 있어야 합니다. 그래서 성령 충만한 신자는 단지 믿음만 좋은 것으로 끝나는 것이 아니라 믿음의 열매도 함께 가지고 있어야 합니다.

4) 한마음, 한뜻으로 충만한 교회

오늘 본문에 나오는 성령 충만은 초대교회 성도들의 신앙적 성숙과 관계됩니다. 그들이 성령 충만함을 받고 담대히 복음을 전할 뿐만 아니라, 초대교회를 가장 위대하고 가장 이상적인 교회로 만들어가기 시작했습니다. 초대교회는 핍절함이 없는 교회였습니다. 그래서 초대교회의 네 번째 특징은 한마음과 한뜻으로 충만한 교회라는 것입니다. 한마음과 한뜻이 되고 보니 초대교회는 핍절함이 없었습니다. 32절 이하에 나오는 초대교회의 모습은 현대인들에게는 정말로 상상이 안 가는 모습입니다. 어떻게 자기가 가진 모든 소유를 팔아서 사도들 앞에 가져올 수 있겠습니까? 물론 오늘날도 어느 정도 가능하겠죠. 오해하지 마시고 들어주세요. 지금도 성전을 짓는다고 하면 집을 팔아 건축헌금 하는 많은 장로님, 집사님, 성도들이 있습니다. "선교와 구제를 위해서 필요한 곳에 쓰면 좋겠습니다." 하면서 물질로 후원해 주시는 분들도 계십니다. 이런 분들, 정말 훌륭하고 고맙죠. 그런데 초대교회는 그 정도가 아니었습니다. 완전히 다 팔아서 교회로 가져왔습니다. 사도들은 그것을 공평하게 필요에 따라서 나누어 주었습니다. 그래서 핍절함이 없었습니다.

오늘날과 같이 물질이 없으면 살 수 없는 시대에 어떻게 그런 일이 가능하겠습니까? 이단 사이비에 현혹되어서 재산을 다 바치는 경우가 아니고, 건전한 교회에서 이런 일이 일어난다면 오히려 칭찬 거리라기보다는 교회가 시험에 들게 될 겁니다. 이 문제를 우리는 어떻게 해석해야 할까요? "초대교회 성도들이 그렇게 했으니 현대교회도 자기의 소유를 다 팔아서 교회에 가져와야 한다." 이렇게 말해야 할까요? 모든 것을 교회 바친다고 하면, 교회가 그와 그 가족의 모든 것을 책임지는 일까지 하게 될 것입니다. 그렇기에 초대교회처럼 완전한 공동체로서 교회가 서기에는 현대교회에서는 많은 부담이 있는 것이 사실입니다. 우리는 오늘 본문을 통해서 소유를 얼마나 바치느냐, 혹은 마느냐 하는 문제보다도, 어떻게 초대교회의 성도들이 이렇게까지 할 수 있었는가? 자기의 완전한 소유까지도 다 내려놓을 수 있는 이런 일이 가능한 원인이 무엇인가? 이것을 배우는 것이 더 중요합니다.

여러분, 세상에서 주기가 아깝지 않은 사람이 어디 있겠습니까? 아무리 남아도는 부잣집도 남 주기에는 아까워하는 법입니다. 그런데 초대교회 성도들은 모든 소유를 팔아서 기꺼이 사도들 앞에 바쳤습니다. 그것도 자발적으로 했습니다. 어떻게 이런 일이 가능했을까요? 오늘 본문에서 우리는 그 답을 찾을 수 있습니다. 33절을 보겠습니다. 33절의 말씀을 한번 같이 읽어볼까요? "사도들이 큰 권능으로 주 예수의 부활을 증언한 이 무리가 큰 은혜를 받아." 이 구절에서 "무리가 큰 은혜를 받아"에 해답이 있습니다.

여러분, 하나님의 은혜를 받으면요, 정말 내가 모든 것을 다 드려도 아깝지 않습니다. 하나님이 나의 생명을 구원해 주시기 위해서 그 아들까지 다 버리셨다는 것을 생각할 때, 무엇이 아깝겠습니까? 나 같은 죄인을 살려 주시고, 나 같은 죄인을 끝까지 사랑해 주셨습니다. 이 사실을 온몸으로 체험하게 되면 내 생명을 바쳐도 아깝지 않습니다.

19세기 유럽의 선교사들은 아프리카로 떠납니다. 아프리카로 가면 죽는 줄 알고 있습니다. 10명이 가면 8~9명은 죽습니다. 그 땅은 죽음의 땅이었습니다. 그래도 선교사들은 아프리카로 갔습니다. 왜 갔습니까? 주님의 은혜를 아니까 갔습니다. "그리스도의 사랑이 나를 강권하시도다." 예, 그렇습니다. 하나님의 은혜를 알면 죽음의 길도 찬송하며 떠날 수 있습니다. 이게 복음의 능력이고 은혜받은 자의 삶입니다. 우리가 은혜받기 전에는 예수를 아무리 오래 믿어도 계산적인 삶을 벗어나지 못합니다. 그런데 한량없는 하나님의 은혜를 체험하는 순간부터 계산적인 삶이 아니라 헌신의 삶을 살기 시작합니다.

작은 예화 하나를 말씀드리겠습니다. 우리 교회 장로님 중 한 분이 제게 들려준 간증입니다. 장로님이 평신도였을 때입니다. 몇십 년 전에 목사님이 "예배당에 벽시계 하나가 필요합니다. 하나님께서 벽시계를 헌물하시는 가정을 축복하실 것입니다." 이렇게 벽시계 헌물광고를 했다고 합니다. 그 당시 장로님은 부인 집사님을 따라서 교회를 억지로 다닐 때니까, 믿음은 없고 그저 삐딱한 마음만 있었습니다. 그런데 목사님이 그 말씀을 하니까 "아, 저 목사 양반, 하나님이 복 주실 거라면 자기가 헌물해서 복을 받지 왜 그것을 남한테 말하나!" 이렇게 마음속으로 말했답니다. 그런데 불평하고 비판하던 분이 얼마 안 가서 은혜를 받았습니다. 은혜를 받고 보니까 하나님께 뭔가 드리고 싶었습니다. 그의 머리에 갑자기 전에 목사님이 말씀했던 벽시계 광고가 떠올랐습니다. 그때까지 벽시계 헌물이 들어오지 않았습니다. 그래서 이 장로님은 교회에 얼른 가서 벽시계를 헌물했다고 합니다. 은혜받기 전과 은혜받은 후가 이렇게 다른 것입니다.

여러분 은혜받은 성도님들이 되시기를 바랍니다. 은혜받아서 교회에 다 바치라는 말씀이 아닙니다. 저는 절대 그런 말 하지 않겠습니다. 그 대신 간곡히 부탁합니다. 은혜로 사시는 성도님들이 되시기를 바랍니다. 은혜로 산다는 것은 무엇입니까? 은혜란 값없이 주시는 하나님의 선물입니다. 은혜로 사는 사람은 축복의 밭에 씨를 뿌리는 농부와 같습니다. 모든 것을 하나님으로부터 받은 대로 합니다. 나는 하나님의 것을 맡아 관리하는 청지기일 뿐입니다. "제가 맡아 관리하는 동안 착하고 충성된 종처럼 열심히 관리하겠습니다. 주님이 결산하자고 말씀하실 때, 다섯 달란트 두 달란트를 남긴 종처럼 우리의 주인 되시는 하나님께 남겨 드리는 종이 되겠습니다." 이렇게 고백하는 사람이 바로 은혜받은 사람인 것입니다.

여러분의 가정에 무엇이 충만합니까? 은혜가 충만합니까? 물질이 충만합니까? 여러분의 삶에 은혜가 핍절해서 문제입니까? 아니면 소유가 핍절해서 문제입니까? 여러분의 삶에 정말 충만해야 할 것은 무엇입니까? 무엇을 채우기 위해서 예수를 믿습니까? 무엇을 채우기 위해서 교회 나오십니까? 무엇을 채우기 위해서 기도하십니까? 은혜로 먼저 충만하시기를 소원합니다. 은혜에 핍절함이 없기를 간절히 축원합니다. 초대교회의 충만한 모습이 우리 교회로 이어질 수 있도록 기도해 주시기 바랍니다. 그래서 우리 교회도 은혜가 충만하고 성령이 충만하고 기도가 충만하여 영광 가운데 풍성한 교회가 될 수 있기를 간절히 축원합니다.

하나님 아버지, 은혜 충만케 하여 주시옵소서. 성령 충만케 하여 주시
옵소서. 기도 충만케 하여 주시옵소서. 그래서 하나님의 영광을 나타내
고, 기도하는 자가 승리하며, 말씀대로 사는 자가 승리한다는 확신으
로 은혜에 핍절함이 없도록 도와주시옵소서. 예수님 이름 받들어 간절
히 기도드립니다. 아멘.

Chapter 06

광야 같은 세상에서

광야 같은 세상에서

본문: 신명기 8장 11-16절
설교일: 2017년 7월 2일 주일

할렐루야! 여러분 반갑습니다. 6월 한 달 동안 무더위 가운데서도 주님이 맡겨주신 봉사의 직무를 잘 감당하시고, 주일 성수 잘하신 모든 성도님께 감사를 드립니다. 저도 여러분의 기도 가운데 6월 한 달 동안 안식년 휴가를 잘 보내고 돌아왔습니다. 하마터면 제가 여러분께 오지 못할뻔했습니다. 첫 번째는 제가 주일을 너무 빠지다 보니까 어느 교회 다니는지 잊어버릴 뻔했습니다. 두 번째는 집 앞에 있는 교회 갔더니 새 가족이 왔다며 등록하라고 해서 제가 그 교회에 등록하고 다닐뻔했습니다. 성도님들이 세게 기도해 주셔서 그 모든 시험과 유혹을 물리치고 오늘 이렇게 복귀하게 돼서 감사드립니다.

교회를 오래 빠지다 보니까 영적인 감각이 무뎌지더라고요. 학생들이 학교 다닐 때 "어떻게 하면 학교에 좀 안 갈까?" 생각하잖아요. 그래서 꾀병을 부려서라도 학교에 결석하려고 합니다. 그런데 결석도 한두 번이지 매일 학교에 가지 않으면 그때는 생각이 달라집니다.

"아, 나도 학교 갔으면 좋겠다." 교복 입고 가방 메고 학교에 다니는 학생들이 부러워서 그런 마음을 가지게 됩니다. 그래서 힘들고 어렵고 귀찮지만, 매일 학교에 가는 게 학생들에게는 좋은 일입니다. 교회 다니는 것도 마찬가지입니다. 매 주일 교회 가는 게 때론 귀찮고 힘들지만, 그래도 참 소중합니다.

여러분은 힘들고 어렵고 쉬고 싶고, 귀찮아서 놀러 가고 싶을 때면, 예배에 한두 번 빠지기도 하지요? 그런데 주일마다 계속해서 그것이 반복되다 보면 영적으로 혼란이 오게 됩니다. 자기의 신앙적 정체성이 흐려지게 되어 나중에는 주일이 되어도 신앙적 방랑자가 되고 맙니다. 주일이 되면 정말 내가 갈 교회가 있고, 내가 봉사할 교회가 있고, "성전에 가서 하나님께 예배드려야지" 하는 마음이 있는 것을 감사하시기 바랍니다. 주일 성수를 잘할 수 있는 것, 예배의 자리, 봉사의 자리를 지킬 수 있는 것, 그것이 하나님이 우리에게 주신 은혜요, 축복인 줄 믿습니다.

벌써 2017년도 반이 지났습니다. 곧 하반기가 시작됩니다. 올 상반기에는 대통령 탄핵이라는 헌정사상 초유의 사태를 비롯하여 국정농단에서부터 야기된 수많은 일이 국민의 마음을 아프게 했습니다. 과학과 기술은 날로 발전해 가고, 세상은 점점 더 편리해지고 있지만, 사람들은 더욱더 삶에 지치고 피곤해하는 것 같습니다. 예상하지 못했던 사건 사고들이 매일같이 일어납니다. 어느 것 하나 "저건 남의 일이야. 내 일은 아니야!" 이렇게 말할 수 없습니다. 언제 나에게도 닥칠지 모르는 일들이 일어나고 있습니다. 많이 소유하고 많이 누리고 많이 쓰지만, 사람들의 마음속에 만족이나 행복감은 사라지고 있습니다. 가난하고 힘들어할 때는 사람들 간의 정도 있었고, 이웃 간의 따뜻한 관계도 있었습니다. 길 가다가 사람을 만나면 반갑기도 했습니다. 그런데 지금은 그런 세상이 아닙니다. 사람 만나는 것이 두려운 세상이 되었습니다. 내 이웃이 어떤 사람일까 긴장됩니다. 길 가다가 사람을 만나면 혹시 나를 해코지할까 염려됩니다.

이번 봄과 여름에 가뭄이 들어 얼마나 힘들어했습니까? 저수지마다 바짝바짝 말라서 바닥이 갈라졌습니다. 있어야 할 물이 없으니까 저수지의 흙바닥이 거북이 등처럼 갈라진 것입니다. 요즘, 사람들의 마음을 들여다보면 메마른 저수지 바닥처럼 갈라져 있습니다. 여유가 없습니다. 여러분! 비가 오지 않고 하늘과 땅이 건조해지면 어떤 현상이 일어납니까? 작은 불씨 하나가 땅에 떨어져도 그 불씨가 살아나서 온 산을 태워 버리잖아요. 사람들의 마음이 갈라지고, 세상에 끔찍한 사건과 사고가 자주 일어나는 것은 인간 심성이 건조하기 때문입니다. 우리 마음속에 있어야 할 감사와 은혜가 가뭄처럼 메말랐기 때문입니다. 이럴 때 그리스도인들의 사명이 더욱 큰 줄 믿습니다. 우리가 정신을 차리고 사람들의 마음속에 은혜의 단비를 나눠줄 수 있는 사명을 감당해야 할 줄 믿습니다.

날이 더워질수록 사람들이 찾는 것이 있습니다. 시원한 생수 한 그릇과 햇빛을 막아 줄 그늘막입니다. 요즘 도로를 지나다 보니까 구청에서 사거리 건널목마다 그늘막을 설치해서 쉬게 하더라고요. 잠시지만 행인들이 큰 도움을 받고 있습니다. 비 올 때도 그렇고요. 작은 일이지만 구민을 위한 복지와 서비스 정신이 참 좋지 않습니까? 작은 배려가 지친 사람들의 몸과 마음을 치유하고 회복해 줄 수 있습니다. 광야같이 거칠고 메마른 세상에서 우리 영은교회 성도님들만이라도 생수 같은 성도, 그늘막 같은 성도님들이 되시기를 축원합니다.

1. 광야 같은 세상을 어떻게 살 것인가?

현대인들은 화려한 건물과 상업 시설 그리고 그 안에 채워진 온갖 편리한 상품들을 광야 같은 세상에 오아시스처럼 생각합니다. 그리고 잠시나마 그곳에서 위안을 누리고 행복감도 누립니다. 그렇지만 그런 것들이 광야 같은 세상을 살아가는 우리에게 참된 위로와 만족이 될 수는 없습니다. 세상에 조건과 환경이 다 갖추어져 있다고 감사해하며 만족하고 살아가는 사람은 거의 없을 것입니다. 부족한 것도 있고, 힘든 일도 있지만, 그래도 감사하며 살고 기도하며 살고 주님께 맡기고 사니까, 만족한 마음도 생기고 행복감도 느끼는 것이 아니겠습니까? 그러므로 세상이 광야와 같은 것이 문제가 아니라, 광야와 같은 세상을 우리가 어떻게 살아가느냐가 문제인 것입니다.

1) 하나님께 부르짖음

사랑하는 성도 여러분! 광야 같은 세상에서 어떠한 자세로 살아가고 있습니까? 왜 하나님은 우리를 광야와 같은 세상을 지나가게 하는 것일까요? 오늘 본문의 말씀을 통해서 하나님의 선하신 뜻과 목적을 만날 수 있기를 소원합니다. 오늘 본문 14-15절을 보면, 하나님은 430년 동안 애굽에서 종살이하던 이스라엘 백성들을 구원하여 주셨습니다. 노예살이를 한 해, 두 해하는 것만도 힘들고 어려운 일인데, 400년 이상을 했으니 그 고통과 괴로움이 얼마나 컸겠습니까? 노예에서 해방되려면 힘이 있어야 합니다. 그런데 이스라엘 백성들에게는 힘이 없었습니다. 당시 애굽은 최강의 국가였습니다. 애굽의 군대를 이스라엘 백성들이 이길 수 없었습니다. 자신들의 노력만으로는 포로 상태에서 해방되는 것이 불가능했습니다. 그래서 그들은 하나님께 부르짖었습니다. "하나님 우리의 삶이 너무 힘듭니다. 하나님 우리를 도와주시고, 우리를 구원하여 주시옵소서." 한두 번 외친 것이 아닙니다. 그들의 기도가 하나님의 귀에 상달될 때까지 끝까지 부르짖었습니다.

잠언 8장 17절에서 "나를 사랑하는 자가 나의 사랑을 입으며 나를 간절히 찾는 자가 나를 만날 것이니라."라고 말하고 있습니다. 그렇습니다. 하나님은 간절히 부르짖는 자의 기도를 들으시고, 간절히 찾는 자의 소원에 응답하여 주셨습니다. 마침내 이스라엘 백성들을 애굽에서 구원하여 주신 것입니다. 구원만 하신 것이 아니라, 분명한 목적이 있었습니다. 이스라엘 백성이 젖과 꿀이 흐르는 가나안 땅에 들어가는 것이었습니다.

2) 하나님께 순종

하나님은 왜 다른 나라도 아니고, 다른 땅도 아니고, 가나안 땅을 그들의 목적지로 삼으셨을까요? 아브라함, 이삭, 야곱 그리고 요셉 같은 훌륭한 믿음의 조상이 살았던 땅이기 때문입니다. 하나님은 그 조상들에게 "너의 후손들에게 이 땅을 주마!" 약속하셨습니다. 믿음의 조상들이 하나님을 섬기며 살았던 땅으로 후손들을 인도하여 주신 것입니다. 우리는 여기서 조상들의 믿음과 삶이 후손들에게 큰 영향을 미친다는 것을 알 수 있습니다. 만일 이스라엘 백성의 조상들이 하나님 앞에 경건하게 살지 못했고, 하나님의 약속을 받지 못했다면, 이스라엘 백성들은 애굽의 종살이에서 해방되었을지라도 갈 곳이 없었을 것입니다. 그야말로 여기저기 떠돌아다니는 유랑 민족이 될 수밖에 없었을 것입니다. 그런데 조상들이 어렵고 힘든 가운데서도 하나님의 말씀에 순종하며 그 땅에서 믿음으로 살았더니, 그들 모두가 세상을 떠난 지 430년 후에도 후손이 복을 받아서 젖과 꿀이 흐르고, 샘과 물이 나고, 곡식과 열매가 풍성히 맺히는 가나안 복지로 인도함을 받을 수 있었던 것입니다.

그러므로 우리는 우리의 믿음을 위해서 뿐만 아니라, 우리의 후손들을 위해서라도 힘들고 어려워도 하나님의 약속을 믿고 말씀에 순종하며 살아가는 성도들이 되어야 할 줄 믿습니다. 믿다 말다 가다 말다, 이런 것이 아니라, 어떤 장애가 있고 시련이 있더라도 포기하지 말고 끝까지 믿음의 길을 걸어가시기 바랍니다.

3) 하나님께 맡김

아브라함, 이삭, 야곱, 요셉, 이들의 공통점이 무엇인지 아십니까? 이 사람들은 신앙의 선조들입니다. 하지만 처음에는 그렇지 못했습니다. 이 사람들에게도 많은 흠이 있었습니다. 믿음으로 산다고 했지만, 쓰러지고 넘어지는 때도 많이 있었습니다. 그들은 연약한 사람들이었습니다. 그러나 세월이 흐를수록 그들은 점점 더 강해지고 성숙한 믿음의 사람으로 변화되어 갔습니다. 그들의 삶에 축복도 있었지만, 시련과 환란도 있었습니다. 그런 시간을 거치면서 그들의 믿음은 조금씩 깊어지고, 하나님의 사랑을 알아 가게 됐습니다. 마침내 믿음의 조상으로 우뚝 설 수 있었습니다. 처음은 미약했지만, 나중은 심히 창대한 사람들이 바로 이 사람들이었습니다

여러분, 저와 여러분의 모습은 어떨까요? 하나님 앞에서 한참 모자랄 것입니다. 다듬어져야 할 것도 많을 것입니다. 아직 멀었구나, 하는 생각도 들 때가 있을 것입니다. 그러나 하나님은 약한 자를 들어서 강한 자를 부끄럽게 하시고, 미련한 자를 들어서 지혜로운 자들을 부끄럽게 하시는 분이라고 했습니다. 하나님의 인자한 손길을 믿고 우리 자신을 맡긴다면, 위대한 토기장이가 되시는 하나님이 우리를 새롭게 빚어 주실 줄 믿습니다. 비록 우리가 금도 아니고, 은도 아니고, 쇠도 아닌 진흙과 같은 존재일지라도 우리는 걱정할 필요가 없습니다.

우리의 인생이 질그릇 같다고 할지라도 낙심할 필요가 없습니다.

왜냐하면, 질그릇 같은 인생에 보배를 담으면 되는 것입니다. 가장 귀한 것을 담으면, 그 그릇도 함께 가장 귀하게 되는 것입니다. 이 세상 그 누구, 그 무엇과도 비교할 수 없는 하나님을 모시고 살아가는 인생이 되시기를 소원합니다. 우리 하나님은 상한 갈대도 꺾지 않으시고, 꺼져가는 심지도 끄지 아니하시는 자비의 하나님입니다. 그 하나님 안에서 여러분의 믿음과 삶이 회복되고, 자신들의 삶에 선한 영향력을 물려줄 수 있는 축복의 사람들이 다 되시기를 소원합니다.

2. 광야는 어떤 곳인가?

그런데 하나님은 이스라엘 백성들을 곧장 가나안 땅으로 인도하시지 않았습니다. 그 백성들이 가나안 땅으로 가기까지 통과해야 할 게 있었습니다. 그것은 바로 '광야'였습니다. 광야는 어떤 곳일까요? 광야는 아무것도 없이 텅 빈 곳입니다. 광야를 어렵게 해석할 필요가 없습니다. 사람이든 짐승이든 어떤 생물도 살기 어려운 곳이 광야입니다. 본문 15절의 말씀처럼 광야는 광대하고 위험하고 물도 없고 메마르며, 불 뱀과 전갈이 도사리고 있는 곳입니다.

이 광야를 살아가는 데 있어서 가장 어려운 것은 물과 식량입니다. 지금 출애굽한 이스라엘 백성들은 장정만 60만 명입니다. 거기에다가 아이들과 여인들 그리고 중간 잡족들까지 합치면 200만 명이 됩니다. 게다가 수많은 가축도 함께 있습니다. 이들 모두가 살려면 우선 물이 있어야 하고, 식량이 있어야 합니다. 그런데 물 한 방울 곡식 한 톨을 찾을 수 없는 광야에서 이 많은 사람을 먹일 수 있는 물과 식량을 어디에서 구할 수 있겠습니까? 광야는 인간의 능력이 통하지 않는 곳입니다. 인간의 가진 능력이 아무리 크다고 한들 대자연의 위력 앞에서 얼마나 버틸 수 있겠습니까?

20년 전 제가 독일에 있을 때 당시 프랑스의 고속열차 떼제베는 세계에서 가장 성능이 좋고 기술력이 뛰어난 고속열차로 평가를 받고 있었습니다. 그런데 어느 해 겨울 유난히 추운 날씨가 유럽을 강타했습니다. 모든 선로와 전선이 꽁꽁 얼어붙었습니다. 그러자 그렇게 좋은 성능을 자랑하던 떼제베 고속열차도 꼼짝할 수 없었습니다. 단 1cm도 나아갈 수 없었습니다. 하루아침에 교통 대란이 일어났죠. 그때 깨달았습니다. 인간이 아무리 과학과 기술을 자랑한다고 할지라도 하나님 앞에서는 무력한 것이구나!

제가 휴가 기간에 서점에 가서 읽은 책 중에 『호모 데우스』라는 책이 있습니다. 책 제목을 번역하면 '신이 된 인간'이라는 뜻입니다. 참으로 교만한 제목입니다. 책 내용은 제목처럼 미래 인간은 호모 사피엔스를 넘어서 호모 데우스가 된다는 내용입니다. 인류는 과거에 전쟁과 질병, 기근과 천재지변으로 많은 희생을 당하고, 그로 인해 두려움이 생겨 종교를 만들고 신을 의지하게 되었다고 합니다. 그러나 앞으로의 세상은 전쟁도 줄어들고, 식량도 부족하지 않고, 천재지변을 막아낼 과학 기술도 발전하고, 의학 기술도 발전해서 사람이 죽는 일이 없다는 것입니다. 그래서 120년 사는 것이 문제가 아니라, 미래의 인간은 300년, 500년까지도 산다고 주장합니다. 인간이 죽음을 정복해서 영생의 인간이 된다는 것입니다. 지난 과거에는 영생의 존재인 신을 믿었지만, 이제는 인간 자신이 신이 된다고 하는 주장을 담은 책입니다. 그야말로 인간에 대한 무한한 낙관을 담은 책이었습니다. 저는 그 책을 읽으며 기분이 좋다는 생각이 들지 않았습니다. 내가 500살까지 사는 것도 별로 기분이 좋은 일이 아닐뿐더러, 지금 인류가 당면한 위기들을 전혀 심각하게 생각하지 않는 것이 매우 어리석어 보였습니다.

여러분 스티븐 호킹 박사라고 들어보셨죠? 루게릭병으로 몸을 움직일 수는 없지만, 오늘날 최고의 과학자 중 한 명으로 평가되는 분입니다. 그분이 지난 5월에 지구의 미래에 대해서 예언했습니다. 예언자 점쟁이가 말하는 것이 아닙니다. 최고의 물리학자가 예언한 것입니다. 인류가 멸종을 피하려면, 100년 안에 지구를 떠나야 한다는 것입니다. 지금 지구는 재난과 소행성 충돌, 유행성 전염병, 인구 과잉 그리고 기후변화 등으로 위기가 계속 증가하고 있고 사멸할 위험에 처해 있다고 합니다. 가장 위대한 천재 과학자는 100년 이내에 지구가 멸망할 것이라고 경고를 합니다. 반면에 다른 한 사람은 인간의 영생불사를 주장하고 있습니다. 이 얼마나 방향이 빗나간 것입니까?

광야 같은 세상을 살면서 내 힘과 내 능력으로 살겠다고 하는 것은 무모한 것입니다. 교만한 것은 자랑이 아니라 어리석음입니다. 하나님은 그 백성들이 미워서 광야로 이끈 것이 아닙니다. 미워했다면 애굽에서 구원하여 주지도 않았을 것이고, 그 백성들의 기도를 들어 주지도 않았을 것입니다. 그러면 백성들을 40년 동안 광야라고 하는 척박한 곳을 지나게 하신 이유가 어디에 있을까요? 여기에는 하나님의 커다란 목적이 있습니다.

1) 거룩한 성민으로 거듭나는 곳

첫째로 광야는 430년 동안 살던 애굽의 생활 습관과 정신을 빼어내고, 하나님이 선택한 거룩한 선민으로 거듭나게 하려는 목적이 있었습니다. 애굽은 우상의 나라입니다. 수많은 이방 신들이 있습니다. 애굽은 물질적으로 풍요로운 나라였습니다. 그래서 종들이지만 신선한 채소를 먹었고 고기를 먹을 수 있을 정도였습니다. 이곳에 살면서 이스라엘 백성들은 어느덧 애굽의 사상과 정신에 물들어 버리고 말았습니다. 이러한 정신과 신앙으로는 하나님의 선민으로 바로 설 수 없었습니다. 애굽에서 물든 것을 빼내고, 하나님을 만나야 했습니다. 애굽에서 사는 동안에는 하나님을 알 수 없었습니다. "이 세상을 지배하는 신은 애굽인이 섬기고, 바로가 섬기는 신이구나" 이렇게 생각했던 겁니다. 우리가 우리 몸에 있는 때를 벗기려면 어떻게 해야 합니까? 목욕탕에 가서 푹 삶는 건 아니지만 어쨌든 그래야 하지 않아요? 그 무더운 곳에 있어야 하는 거잖아요. 광야는 무더운 곳입니다. 애굽의 묵은 때를 거기서 벗겨 내야 합니다.

광야는 다른 신들이 없습니다. 풍요로운 곳에서는 신이 있지만, 척박한 곳에는 신이 없습니다. 광야에는 다른 신들이 물을 줄 수도 없고 먹을 것을 줄 수도 없습니다. 반석에서 물을 낼 수 있는 분, 아침과 저녁으로 만나와 메추라기를 내려 주실 수 있는 분은 오직 여호와 하나님 한 분뿐입니다. 하나님만이 없는 데서 있게 하실 수 있지요. 그러니까 광야에서는 하나님만이 참 하나님이 될 수 있는 것입니다. 다른 신들은 그렇게 할 수 없어요. 광야에서 이스라엘 백성들은 기적의 하나님을 만나고 알아 가게 됩니다. 그럼에도 불구하고 여전히 애굽에서 굳어진 생각들과 미련들을 다 벗지 못하고 자꾸 불평하며 애굽으로 돌아가자고 이스라엘 백성들은 말합니다.

우리가 예수를 믿고 교회에 다니게 되면, 그때부터 하나님의 은혜와 축복이 쏟아지고 좋은 일들만 생길 것 같지만 꼭 그렇지는 않습니다. 처음에 예수를 믿으면 하나님의 은혜와 사랑을 알아 가는 첫사랑의 감격이 넘쳐납니다. 그와 동시에 마귀의 시험도 찾아옵니다. 하나님이 내려 주신 귀한 은혜와 믿음을 빼앗아 가기 위해 여러 가지 어려운 일들을 꾸밉니다. 그럴 때일수록 우리는 말씀과 찬양과 기도와 예배로 하나님께 더 가까이 나아가야 할 줄 믿습니다. 애굽이라는 옛 세상을 떠나서 가나안이라는 새 구원의 나라로 가기 위해서는 광야가 필요한 것이었습니다. 그곳에서 이스라엘 백성들은 하나님의 돌보심을 깨닫고 믿음이 자라났던 것입니다.

2) 하나님의 음성을 듣고 순종하는 곳

두 번째로 광야는 하나님의 음성을 듣고 순종하는 곳입니다. 광야는 히브리어로 '미드바르'입니다. '미드바르'는 '다바르'라고 하는 히브리어에서 파생된 말입니다. '다바르'는 하나님의 말씀입니다. 그러니까 '광야'라는 단어는 '말씀'이라고 하는 단어에서 나왔다고 하는 것입니다. 광야는 하나님의 말씀과 깊은 연관이 있습니다. 광야는 하나님의 말씀을 들어야 살 수 있는 곳입니다. 하나님의 말씀에 순종해야 갈 수 있는 곳입니다. 사람의 이런저런 모략이 통하지 않는 곳입니다. 세상에 소리는 가장 작게 들리고, 하나님의 말씀은 가장 크게 들리는 곳이 바로 광야입니다. 그래서 하나님의 음성을 듣고 하나님을 만나고자 하는 사람들은 다 광야로 갔습니다. 위대한 영성가, 위대한 수도사들은 광야에서부터 시작했습니다. 우리가 살면서 형통하고 모든 것이 잘 될 때는 하나님의 말씀을 잘 들으려고 하지 않습니다. 오히려 하나님을 무시하고 자기 멋대로 행동할 때가 많습니다. 하나님의 말씀이 이 세상의 형통함에 막혀서 귀에 잘 들어 오지 않습니다. 그런데 시련과 위기가 찾아오면 그때 하나님의 음성을 듣고 하나님께 매달리게 됩니다. 이것이 바로 광야의 역할입니다.

서울대학교 미대 교수 중에 신앙심이 깊은 분이 있었습니다. 이분이 자기의 동료 교수를 전도했습니다. 하지만 그 교수는 기독교 신앙에 대해서 항상 까칠하게 반응을 했습니다. 그런데 몸이 안 좋아서 병원에 갔더니 말기 암이라는 선고를 받았습니다. 자신의 인생에 대해서 언제나 패기 만만하던 사람이 언제 죽을지 모르는 사람이 되고 말았습니다. 한순간에 그의 삶은 광야와 같은 곳에 떨어지고 말았습니다. 신앙심이 깊은 미대 교수님이 병문안 가서 신앙 서적 한 권을 선물했습니다. 안 받을 줄 알았는데 선뜻 받았습니다. 그리고 얼마 후에 연락이 왔습니다. 책이 너무 좋아서 읽고 또 읽고 한다는 것입니다. 건강했으면 친구가 준 신앙 서적에는 관심도 없었을 것입니다. "신앙 서적? 그런 것이 있나?" 그렇게 말할 사람이었죠. 그런데 말기 암이라는 인생의 광야에서 하나님의 음성 외에는 다른 소망이 없음을 깨달은 것입니다. 하나님이 우리를 광야에 내보내는 것은 하나님의 음성을 다시 듣고 순종하는 믿음으로 돌아오도록 하기 위함입니다.

3) 광야는 지나가는 곳

셋째로 광야는 끝이 아닙니다. 광야는 목적지가 아닙니다. 광야는 지나가는 곳이지 머물러 사는 곳이 아닙니다. 하나님의 능력과 보호가 아무리 크다 할지라도, 우리가 영원히 광야에서 산다고 하면 그것처럼 비극은 없을 것입니다. 광야의 시간은 한시적입니다. 목적지는 아름답고 복된 땅 가나안입니다. 16절의 말씀처럼 광야의 시간 동안 이스라엘 백성들이 겸손하게 되고, 하나님의 시험을 통과하게 되면, 그때 광야의 시간은 끝이 나고 새로운 축복의 시간이 시작됩니다.

할렐루야! 잘살고 형통하게 되었다고 해서 교만하지 않습니다. 하나님을 무시하지 않습니다. 내 힘과 능력으로 된 것이라 자랑하지 않습니다. 내게 있는 모든 것이 주의 것이고 주님의 은혜일 뿐입니다. 주인은 하나님이고, 나는 관리자일 뿐입니다. 이런 믿음의 고백이 있을 때 하나님의 시험을 통과하는 것입니다. 또한, 힘들고 어렵다고 해서 불평하고 원망하면서 다시 애굽으로 돌아가지 않습니다. 여호수아와 갈렙처럼 다시는 애굽으로 돌아가고자 하는 유혹을 완전히 버리고, 오직 하나님이 약속하신 곳을 바라보며 힘차게 전진하는 사람은 마침내 하나님이 예비하신 놀라운 곳을 보게 됩니다. 우리는 오늘 본문 말씀 마지막 절에서 "마침내 복을 주려 하심이라"라는 이 말씀을 기억해야만 합니다.

사랑하는 성도 여러분, 지금 여러분의 삶이 광야와 같은 곳에 있다고 해서 절망하거나 낙심하지 않기를 바랍니다. 광야와 같은 이 세상을 살아갈 때 우리가 가장 주의해야 할 점이 있습니다. 그것은 바로 11절에 나와 있는 말씀처럼, 하나님을 잊어버리지 않는 것입니다. 형통할 때도 곤고할 때도 광야와 같이 힘든 곳에서 살 때도 가나안 땅같이 형통한 곳에서 살 때도 언제나 하나님을 잊어버리지 말기를 바랍니다.

하나님을 잊지 않고 하나님의 말씀을 지키고 순종하며 사는 사람에게 하나님은 마침내 복을 주십니다. '마침내 복을 준다'는 말은 끝을 좋게 한다는 뜻입니다. "지금은 힘들고 어려워도 걱정하지마! 끝에 가서는 모든 것이 합력하여 선을 이룰 수 있어!" 이게 '마침내' 복을 주려 하시는 하나님의 마음이라는 것을 기억하시기 바랍니다. 여러분! 하나님과 사탄의 차이가 무엇인지 아십니까? 사탄은 과정은 즐거워도 끝은 언제나 멸망으로 이끄는 존재입니다. 사탄에게 있어서 끝이 좋다는 것은 아무것도 없습니다. 그러나 우리 하나님은 과정은 비록 힘들고 어렵고 때로는 광야와 같을지라도 언제나 끝은 생명과 축복입니다. 하나님의 은혜인 것입니다.

저는 지난 주일 일산의 어느 큰 교회에 가서 예배를 드렸습니다. 목사님이 설교 중에 자기 교인이 보낸 편지를 소개했습니다. 건강하던 집사님 남편이 직장에 출근했다가 갑자기 심근경색으로 쓰러졌습니다. 일주일 동안 병원에서 치료를 받던 중에 급성 심정지로 세상을 떠났습니다. 한마디 말도 제대로 하지 못한 채 의식불명인 상태에서 사투를 벌이는 남편을 보면서 부인 집사님은 "하나님 우리 남편 살려주세요. 말 한마디라도 할 수 있게 해주세요."라고 간절하게 부르짖었습니다. 그러나 하나님의 뜻이 어디에 있는지 남편은 주님 품으로 떠나고 말았습니다. 너무나 갑작스럽게 일어난 일이라 어떻게 수습을 해야 할지 몰랐습니다. 장례는 어떻게 치러야 할지 부인은 아무 생각이 나지 않았습니다. 그냥 슬피 울기만 했습니다. 그런데 그 집사님의 목장 구역에 있는 성도들이 다 같이 모여서 매일같이 자기 일처럼 여기며 찾아와 위로해주고 기도해 주었습니다. 다른 목장 구역에도 연락해서 중보기도 연락망을 만들어 계속해서 남편을 위해 중보 기도해 주었습니다. 남편이 돌아가시자 모두 장례식장에 와서 내 집 장례식처럼 함께 거들고 참여해 주었습니다.

　인생에 가장 힘들고 어려웠던 광야가 된 시간이 지나고 어느 정도 마음이 안정되자 고마운 분들이 생각이 났습니다. 비록 남편은 잃었지만, 남편의 일로 인해서 자기 주위에 수많은 믿음의 형제자매들이 있다는 사실을 깨닫게 되었습니다. "이 세상에 내가 혼자가 아니구나!" 이것을 깨닫게 되자 다시 용기와 힘이 났습니다. 그분들을 생각하면서 고마운 마음에 자신의 사연을 담아서 담임목사님께 편지를 보냈던 것입니다. 최근에 우리 교회 집사님 가정에도 이런 일이 있었습니다. 살다 보면 정말 뜻하지 않게 좋은 일이 찾아오기도 하지만, 감당하기 어려운 힘든 일도 만날 수 있습니다. 그래서 이 세상은 광야와 같은 것입니다. 영원한 안식의 나라 천국에 가는 그날까지 우리는 광야와 같은 세상에서 순례자의 길을 가야만 하는 것입니다.

광야는 어떤 곳일까요? 이스라엘 백성들에게 있어서 광야는 어떤 곳일까요? 하나님 없이 자기들만 그 광야를 간다고 하면 그것은 목적도 없이 한없이 방황하는 곳일 뿐입니다. 살 수 없는 곳입니다. 그러나 하나님이 함께하는 광야라면 그곳은 방랑하는 곳이 아닙니다. 그곳은 축복을 향하여 지나가는 여정일 따름입니다. 광야는 하나님이 함께함으로 걸어갈 수 있고, 보호받을 수 있고, 안전할 수 있는 곳입니다. 우리가 광야와 같은 세상을 혼자 걸어가려고 하면 얼마나 힘들고 어렵겠습니까? 그러나 이스라엘 백성들을 인도해 주신 하나님과 함께 걸어가고, 믿음의 동역자들과 함께 걸어간다면, 피곤해 힘들고 어려워도 우리는 능히 광야를 지나서 하나님이 약속하신 가나안 복지로 가게 될 줄 믿습니다.

그러므로 어떤 일이 있어도 하나님을 잊어버리지 맙시다. 하나님 말씀을 떠나지 말고 말씀 안에서 살아갑시다. 지금은 힘들고 어려워도 마침내 하나님은 우리에게 복을 주시고 그것을 좋게 해주시는 분임을 바라보며 소망을 잃지 마시길 바랍니다. 끝까지 좋게 해주시는 하나님을 믿고 기도하시기 바랍니다. 그래서 올해 남은 반년도 주님께 영광 돌리고 믿음의 선한 싸움에서 승리하는 영은의 가족이 되시길 주님의 이름으로 축원합니다.

하나님 아버지, 때때로 광야와 같은 시간을 보낼 때 하나님이 우리에게 왜 이러한 시간과 시련과 아픔을 주시는가 하면서, 참지 못하고 몸부림치며 괴로워하고 원망할 때가 있었습니다. 우리의 지혜가 부족하고 하나님의 섭리를 다 깨달아 알 수 없기에 아버지 하나님께서 저희의 연약함을 돌봐 주시옵시고, 저희의 부족한 믿음 가운데 힘을 더하여 주시옵소서. 하나님께서 광야와 같은 세상을 걷게 하심이 결코 목적이 없는 것이 아닌 줄 믿습니다. 하나님의 선하신 뜻과 섭리를 깨닫고 어떠한 상황 속에서도 하나님을 잊어버리지 않게 도와 주시옵고, 주님을 의지하며 잘 지나가게 하여 주시옵소서. 그래서 하나님이 약속하신 귀한 복지에 도착하는 그날까지, 우리 믿음의 형제자매들과 함께 서로 위로하고 사랑하고 기도하며 살아가는 귀한 영은의 가족이 될 수 있도록 도와주시옵소서. 예수님 이름 받들어 간절히 기도드리옵니다. 아멘.

Chapter 07

은혜, 사랑, 섬김의 공동체로 거듭나는 교회

은혜, 사랑, 섬김의 공동체로 거듭나는 교회

|

본문: 유다서 1장 17-21절
설교일: 2017년 9월 10일
비전센터 입당 감사예배 설교

오늘은 우리 교회 57년 역사에 있어서 가장 큰 일을 이루고 하나님께 영광을 돌리는 기쁜 날입니다. 그간 성도님들께서 어려운 시간에 불평 없이 잘 참고 기다려 주셔서 진심으로 감사드립니다. 이제 영은교회는 희년기념 비전센터와 더불어서 독수리의 날개 치며 솟아오름 같이 더욱 힘차게 비상하는 교회가 될 줄 믿습니다. 어제 아침에 기아대책 영등포 이사회가 우리 교회에서 있었습니다. 아침 식사를 마치고 교회로 돌아오는 길에 이사로 계시는 다른 교회 장로님이 저에게 이런 말씀을 하셨습니다.

"대한민국에서 종교성과 사회성을 잘 갖춘 교회 중 하나가 영은교회입니다." 저는 귀를 의심했습니다. 이렇게까지 우리 교회가 칭찬받는 교회일 줄은 미처 생각을 하지 못했습니다. 그 장로님은 장로님의 기준대로 말씀하시고, 다른 사람은 그 사람의 기준대로 평가할 것입니다. 장로님의 개인적인 생각이든, 우리 교회가 정말 그렇든 간에 엄청난 찬사가 아닐 수 없었습니다. 대한민국에서 종교성과 사회성을 잘 갖춘 교회 중에 대표적인 교회라는 것은 대단한 칭찬입니다. 저는 장로님의 칭찬을 들으면서 보람을 느끼기도 했고, 앞으로 더욱 잘해야겠다는 무거운 책임감도 느꼈습니다. 이렇게 칭찬받는 교회가 될 수 있었던 것은 어떤 한두 사람, 어떤 목사의 힘으로 된 것은 아닐 것입니다. 우리 교회의 모든 교역자와 장로님들, 안수집사님들, 권사님들, 집사님들을 비롯하여 모든 성도가 함께 협력해서 맺은 결과라고 믿습니다.

여러분, 박수의 원리가 무엇입니까? 박수는 한 손으로만은 절대 소리가 날 수 없습니다. 아무리 한 손으로 허공을 쳐도 소리가 나지 않습니다. 그러면 어떻게 해야 박수 소리가 나는 걸까요? 두 손이 마주쳐야 합니다. 두 손이 딱 마주쳐야 박수 소리가 나게 됩니다. 이처럼 앞에서 이끌어 가는 사람과 뒤에서 밀어주는 사람이 서로 합하여 나아갈 때 좋은 교회가 세워지는 것입니다.

우리 교회가 비전센터를 세운 것은 무엇을 자랑하고자 함이 결코 아닙니다. 더 잘하고자 함입니다. 다음 세대를 위한 신앙 교육도 더 잘하고, 성도들의 신앙생활과 교회 생활도 더 잘하고, 지역 사회와 세상을 위한 빛과 소금의 역할도 더 잘하고, 주님이 명령하신 민족 복음화와 세계선교의 사명도 더 잘 감당하고자 애쓰고 힘써서 새로운 역사를 이루어 내는 것입니다. 비전센터는 하나의 수단이고 통로입니다. 그 자체가 목적은 아닙니다. 이 성전은 하나님이 우리에게 주신 귀한 선물입니다. 이 선물을 가지고 어떻게 사용하고, 무엇을 위해 쓰는

가는 우리에게 달렸습니다. 하나님이 주신 축복의 선물을 헛되지 않게 잘 사용하게 될 때, 그게 바로 하나님께 영광을 돌리는 것입니다.

저와 여러분이 이 성전을 소중하고 깨끗하고 의미 있게 잘 사용하여 많은 영혼을 구원하고, 하나님과 사람 앞에서 칭찬받는 축복이 있으시기를 축원합니다. 내 집처럼 우리가 성전을 잘 가꾸면 하나님께 영광이 될 것입니다. 그런 의미에서 먼저 우리가 화장실도 깨끗하게 잘 사용하도록 합시다. 각 부서 사무실도 깨끗하고 안전하게 사용할 수 있기를 바랍니다. 쓰는 사람 따로, 버리는 사람 따로, 치우는 사람 따로, 이렇게 사용하면 안 됩니다. 각 부서가 사용한 후 각자 알아서 잘 정리 정돈하였으면 좋겠습니다.

비전센터에는 엘리베이터가 3대 있습니다. 중앙에 2대가 있고 길가 쪽으로 비상 엘리베이터가 한 대 더 있습니다. 그러나 엘리베이터만으로는 우리 성도님들을 상하로 다 수송할 수 없습니다. 그래서 중앙 계단과 본당 뒤쪽 계단, 중앙 엘리베이터 뒤쪽 계단을 이용하시기 바랍니다. 가능하신 분들은 계단을 이용해서 7층 식당도 가시고, 위에 올라가서 구경도 하시면 좋겠습니다. 계단으로 올라가는 전망이 너무 좋습니다. 통유리로 되어있어서 바깥 풍경을 잘 볼 수 있습니다. 그래서 막힌 마음도 확 풀릴 것이고 닫힌 마음도 확 뚫릴 것입니다. 무엇보다도 건강에 좋지 않겠습니까? 엘리베이터 타고 가는 것보다, 빨리 올라갈 수 있습니다. 계단을 많이 이용하시기 바랍니다. 특별히 주의할 것이 있습니다. 비전센터와 본당 사이에 중간 로비가 있는데 천장이 뚫려 있어요. 그래서 시원하고 채광이 잘되고 밝아서 좋긴

하지만, 복도 난간에서 잘못해 떨어지게 되면 큰 사고가 날 수 있습니다. 중앙 복도 난간을 지날 때는 특별히 안전에 조심해 주시고 어린 자녀들을 잘 보호해 주시기를 바랍니다. 화장실이 전부 그쪽 벽에 있어요. 가실 때 장난치지 마시기 바랍니다. 조심조심 잘 다니시기를 부탁드립니다.

공간이 넓어지다 보니, 각 부서 사무실에 성도님들이 숨어 있으면 찾아내기가 어렵습니다. 거기 숨어서 예배시간에 예배는 안 드리고 수다 떨고 있으면 안 됩니다. 이것은 비전센터를 세운 목적이 아닙니다. 여러분, 교회는 예배가 우선입니다. 문재인 대통령은 "사람이 먼저다"라고 강조하지만, 교회는 언제나 예배가 먼저입니다. 예배도 안 드리고 삼삼오오 부서끼리 모여서 수다 떨다 보면 언젠가는 슬피 울며 쫓겨날 때가 올 것입니다. 그러니까 예배시간에는 다 나와서 예배를 드리시기 바랍니다.

제일 감사한 것은 무엇일까요? 그것은 큰 사고 없이 안전하게 공사가 마무리되었다는 점입니다. 건축 현장에서는 얼마나 많은 안전사고가 발생합니까? 제가 아는 목사님 교회에도 리모델링 공사를 하다가 인부 한 사람이 추락하여 사망하는 사고가 있었습니다. 건축 현장은 항상 위험이 도사리고 있습니다. 그래서 작은 사고도 큰 피해를 가져올 수 있습니다. 긴 공사 동안 한 건의 안전사고도 없었다는 것은 하나님의 각별한 은혜이고, 성도 여러분의 기도 힘이라고 믿습니다. 오늘 기도하신 이정규 장로님은 제2대 건축 위원장을 맡아 많은 수고를 하셨습니다. 그래서 기도하다가 목이 메어서 눈물을 흘리지

않았습니까? 건축 위원들, 참 수고 많으셨습니다. 그동안 이분들을 축복하고 격려하는 기회가 없었는데, 이 시간에 그분들의 수고를 격려하고 축복하는 박수를 드립시다.

1. 천국 같은 교회

저는 우리 교회가 지향할 공동체의 모습을 '천국 같은 교회, 가정 같은 교회, 내 몸 같은 교회'로 정리했습니다. 모든 담임목사는 자신이 꿈꾸고 바라는 교회 상을 목회 철학으로 삼고 목회합니다. 제가 영은교회에 부임하면서 영은교회가 어떤 교회가 되었으면 좋겠는가 기도하고 묵상한 후에 이 세 가지 교회 상을 정리해 보았습니다. 먼저 '천국 같은 교회'란 어떤 교회일까요? 여기에는 성부 하나님의 은혜가 강조되고 있습니다. 교회는 은혜의 공동체입니다. 은혜 없는 교회는 피가 흐르지 않는 몸과 같고, 물이 흐르지 않는 강과 같습니다. 교회는 성부 하나님의 은혜로 부름을 받고 구원받은 백성들의 모임입니다.

여러분, 천국은 어떻게 가는 곳일까요? 천국은 은혜로 가는 곳이지,

돈과 학식, 권세, 자격, 능력으로 가는 곳이 아닙니다. 하나님의 은혜는 모든 사람을 품습니다. 예수님과 함께 십자가에 못 박힌 오른편 강도는 죽음을 앞두고 예수님에게 "당신의 나라에 임하실 때 나를 기억하소서"라고 말했습니다. 예수님은 "네가 오늘 나와 함께 낙원에 있으리라"라고 말씀하시며 영접해 주셨습니다. "너 같은 사람이 어떻게 천국에 가니! 이제 와 나를 기억해 달라니 참 뻔뻔하구나!" 이렇게 말씀하지 않았습니다.

　요한계시록 3장 20절에 "누구든지 내 음성을 듣고 문을 열면 내가 그에게로 들어가서 그와 더불어 먹을 것이요 그는 나와 더불어 먹으리라"라고 말씀하셨습니다. '누구든지'입니다. '누구든지' 영접하는 자는 하나님의 자녀가 되는 권세를 주셨습니다. 이것이 은혜입니다. 우리가 지극히 거룩하신 하나님 앞에 설 때 그분의 기준을 어떻게 통과할 수 있겠습니까? 그러므로 믿음은 은혜입니다. 천국도 은혜이고 구원도 은혜입니다. 이것은 이 세상에서 찾을 수 없습니다. 교회가 은혜의 공동체라는 것이 세상의 어떤 단체나 조직과 구분되는 특징입니다. 천국 같은 교회가 되려면 은혜가 있어야 합니다. 은혜는 신앙생활의 에너지와 같습니다. 은혜를 받아야 신앙생활도 힘이 나고 헌신과 봉사도 할 수 있습니다. 은혜는 성부 하나님이 값없이 우리에게 내려 주시는 선물입니다. 천국 같은 교회는 이 은혜의 선물이 넘치는 곳입니다. 은혜가 넘치는 교회를 소망하며 '천국 같은 교회'라는 표어를 정했습니다.

2. 가정 같은 교회

둘째로 '가정 같은 교회'는 사랑의 공동체를 의미합니다. 가정마다 다를 것입니다. 가정은 가장 따뜻한 사랑의 공동체일 수도 있고 탈출하고 싶은 감옥과 같은 곳이 될 수도 있습니다. 그만큼 현대의 가정에는 문제가 많습니다. 그러므로 가정 같은 교회가 가정으로부터 상처입은 사람들에게는 거부감이 들 수도 있습니다. 하지만 기본적으로 가정은 사랑의 원형입니다. 한 사람이 태어나서 성장하는데 가정에 사랑과 보호가 없다면 생존할 수 없습니다. 가정과 부모의 사랑으로 태어나고 양육 받으며 성장해 가는 것이죠. 교회도 마찬가지입니다.

'가정 같은 교회'라는 표어 속에는 성자 예수 그리스도의 사랑 정신이 담겨 있습니다. 사랑은 예수 그리스도로 말미암은 것입니다. 사랑은 진화하는 게 아닙니다. 사랑이 어제보다 오늘이 더 낫고 오늘보다 내일이 더 진화하는 것이 아닙니다. 진화론자들은 틀렸습니다. 사랑은 이미 갈보리 언덕의 십자가 위에서 완성됐습니다. 우리는 그 사랑을 '아가페'라고 부릅니다. 율법의 모든 계명도 결국은 '사랑하라'라는 명령으로 집약됩니다. 사랑 없는 공동체는 은혜도 있을 수 없습니다. 하나님을 사랑하고 이웃을 사랑하고 나 자신을 사랑할 때, 하나님의 은혜는 더욱 강력해집니다. 우리 교회가 사랑으로 어우러진 공동체가 되어서, 지치고 삭막한 세상을 시원하게 만드는 오아시스가 되기를 소원합니다.

3. 내 몸 같은 교회

세 번째는 '내 몸 같은 교회'입니다. 신앙생활은 주로 영적인 활동이기 때문에 몸보다는 영에 대한 강조가 많습니다. 하지만 성경은 그렇게 가르치지 않습니다. 하나님은 우리의 몸과 혼과 영을 다 만드셨습니다. 그 모든 것이 하나님 보시기에 심히 좋았다고 말씀하고 있습니다. 그러므로 몸은 영과 혼 못지않게 소중합니다.

저와 여러분이 세상을 살 때 몸을 가지고 살지 않습니까? 저는 건축 공사 현장에서 어떤 인부가 땀을 뻘뻘 흘리면서 작업하는 모습을 보면서 몸의 위대함을 알았습니다. "저분의 땀 흘림의 노력 없이는 이 건물이 세워질 수 없겠구나"라고 생각했습니다. 우리는 몸을 가지고 좋은 일도 하고 때로는 나쁜 일도 합니다. 봉사도 몸으로 하는 것이고, 전도도 몸으로 하는 것이고, 가족을 먹여 살리는 일도 몸을 가지고 하는 것입니다. 그래서 몸은 소중하고 위대합니다. 좋은 일을 위해 섬기고 나누고 봉사하고 싶어도 몸이 말을 안 들으면 할 수 없습니다.

연세 많으신 할머니 한 분이 꼬부랑 허리를 하고 건널목을 건너고 있었습니다. 신호등이 빨간색으로 바뀌었지만, 할머니는 빨리 건너갈 수 없었습니다. 차들은 빵빵거립니다. 자칫 잘못하면 큰 사고를 당할 수도 있습니다. 그때 이미 길을 건넌 한 젊은 청년이 달려와서 할머니를 업고 건너갔습니다. 내 몸이 튼튼하고 건강하니까 할 수 있는 일 아니겠습니까? 그래서 내 몸 같은 교회는 섬김의 정신을 강조합니다. 아무리 나의 정신과 사상이 깊고 오묘할지라도 몸으로 행동하지 않으면 그것은 공허합니다. 하나님이 주신 몸을 가지고 우리는 주님 나라를 위해서 섬김과 봉사를 실천합니다. 그래서 내 몸 같은 교회입니다.

우리가 섬김과 봉사를 실천하는데 알아야 할 중요한 점이 있습니다. 그것은 내 맘대로, 내 생각대로, 내 주관대로 하는 것이 아니라는 것입니다. 하나님의 뜻대로 해야 하고 하나님의 방법대로 해야 합니다. 그러기 위해서 우리는 성령님의 인도하심에 순종해야 합니다. 성령은 모든 사람에게 각각의 은사를 주시는 분입니다.

어떤 식당 사장님이 저에게 물었습니다. 제가 목사라는 것을 아는 분입니다. "목사님, 제가 뭔가 봉사를 하고 싶은데 무엇을 하면 좋겠습니까? 교회에 가서 봉사하려고 하는데 자꾸 부딪힙니다." 그분의 식당은 맛집으로 유명합니다. 저는 "사장님 식당은 메뉴가 간단하면서도 아주 맛있지 않습니까? 그러면 몇 달에 한 번씩이라도 경로당에 가서 어른들에게 혹은 노숙자들에게 맛있는 순대국 한 그릇을 대접해 보세요. 그러면 좋아할 겁니다"라고 말씀드렸습니다. 그랬더니 그분이 "아, 그것은 제가 가장 잘할 수 있습니다"라고 말씀하시면서 기뻐하는 것을 보았습니다. 각각 은사를 따라 섬김과 봉사를 실천하는 것이 좋습니다.

우리 교회가 성령님의 인도함을 따라 섬김과 나눔을 실천할 때, 하나님이 영광 받으시는 건강하고 모범적인 교회가 되리라 믿습니다. 그래서 누구든지, 언제든지, 우리 교회에 오면 "아, 은혜가 있구나. 사랑이 있구나. 섬김이 있구나"라는 것을, 느끼고 경험했으면 좋겠습니다. 그러기 위해선 우리 성도님 한분 한분이 하나님의 말씀 안에서 그리스도의 장성한 분량이 충만한 데까지 성장해나가야 합니다. 오늘 장년 성경공부 안내서에도 있습니다만, 그동안에는 공간이 협소하고 공사 중이라 성경 공부하기가 불편했지만, 이제는 주일반, 주중반, 오전반, 야간반 등 다양하게 커리큘럼이 짜여 있습니다. 여러분, 주일에도 와서 예배드리고 식사도 하시고, 남은 시간 1시간 정도 말씀 공부해 보시기 바랍니다. 장로님, 집사님, 권사님, 우리 성도님 다 같이 하나님의 말씀을 함께 배우면 배우는 기쁨도 있고, 서로 나누는 기쁨도 있으며, 성장하는 기쁨도 충만할 수 있습니다. 그러니 성경공부 안내서를 잘 보시고 내게 적합한 것이 있다면 참여하시기 바랍니다.

오늘 본문 말씀 20-21절은 아주 소중한 말씀입니다. 제가 시간이 없어서 말씀을 자세히 못 드리지만, 첫째는 "사랑하는 자들아 너희는 지극히 거룩한 믿음 위에 자신을 세우며"라고 말씀하고 있습니다. 우리는 먼저 믿음 위에 자신을 세워야 합니다. 무너지고 흔들리는 게 아니라, 귀한 믿음 위에 자신을 잘 세워 갈 수 있기를 바랍니다. 둘째는 "성령으로 기도하며"(20절)라고 말씀합니다. 우리는 연약한 존재입니다. 때로는 거만하고 교만하고 자부심도 대단하지만, 그러나 우리는 연약한 존재입니다. 그러므로 성령을 구하며, 기도해야 합니다. 셋째로 "하나님의 사랑 안에서 자신을 지키며" 세우는 것입니다(21절). 성을 빼앗는 자보다 성을 지키는 자가 더 용사라고 했습니다. 그러므로 우리는 세운 것을 잘 지켜야 합니다. 잘 지키기 위해서는 하나님의 말씀과 은혜를 계속해서 공급받아야 합니다. "하나님의 사랑 안에서 자신을 지키며 영생에 이르도록 우리 주 예수 그리스도의 긍휼을 기다리라"(21절)라는 말씀처럼, 그리스도의 긍휼을 기다려야 합니다. 유다의 귀한 권면의 말씀을 마음에 깊이 새겨 모든 성도님이 사랑으로 하나 되고, 섬기고 봉사하며, 하나님의 은혜를 충만히 받아 누리는 축복 받은 교회가 되기를 주님의 이름으로 축원합니다.

하나님 아버지 감사드립니다. 주님의 은혜 가운데 이렇게 오늘 입당 감사예배를 드리게 하시니 진심으로 감사드립니다. 그동안 수고하신 모든 일꾼과 인내하며 기도로 기다린 성도들에게 하나님의 무한한 복을 내려 주시옵소서. 주님께서 귀한 선물을 주셨사오니, 이것을 잘 사용하고 잘 가꾸어서 주님께 영광 돌릴 수 있는 우리 교회가 되게 하여 주시옵소서. 이 교회가 '천국 같은 교회, 가정 같은 교회, 내 몸 같은 교회'가 되어서 은혜와 사랑과 섬김의 공동체로 우뚝 설 수 있도록 도와주시옵소서.

사랑이 많으신 하나님, 특별히 이 시간 우리 성도들을 위해서 기도합니다. 모든 성도 가정마다 임마누엘의 은혜로 함께 하여 주시옵소서. 어린 양 예수 그리스도의 보혈로 인쳐 주셔서, 어떤 원수 마귀의 시험도 틈타지 못하도록 도와주시옵소서. 시험을 당하고 환란과 어려움을 당할 때도 믿음으로 넉넉히 이겨 나갈 수 있도록 굳세고 강하게 세워 주시옵소서. 서로 사랑으로 하나 되고 화목하게 하여 주시옵소서. 부모는 자녀들에게 본이 되게 하여 주시고, 자녀들은 부모에게 효도하고 공경하게 하여 주시옵소서. 부부간에, 형제 자매간에, 이웃 간에 서로 사랑으로 하나 되어서, 이 땅에서 천국을 경험하는 귀한 믿음의 가정들이 되도록 도와주시옵소서.

우리 성도들의 일터와 사업에도 함께 하여 주시옵소서. 직장에서는 없어서는 안 되는 필요한 일꾼으로 귀하게 쓰임 받도록 도와주시고, 성실함과 부지런함과 지혜로운 일꾼들이 되게 하여 주시옵소서. 어렵고 힘든 형편 속에서 소망으로 기도하며, 사업을 하시는 모든 성도님에게도 좋은 거래처, 좋은 고객, 좋은 사람들을 많이 만나게 하시고, 물질적으로 나눠주고 꾸어 줄지언정 꾸는 일이 없도록 도와주시옵소서. 취업과 장래의 모든 일을 위해서 기도하는 성도들, 그 기도를 들으시고 그들의 앞날에 하나님의 선하신 인도가 있게 하여 주시옵소서.

사랑이 많으신 하나님, 이 나라 이 민족 가운데도 함께 하여 주시옵소서. 북한의 거듭되는 도발로 인하여 심히 안보적인 위기와 외교적인 어려움 속에 처해 있습니다. 문재인 대통령을 비롯해 국가 모든 위정자와 국민 한 사람 한 사람에 이르기까지 역사를 주관하시는 하나님 앞에 겸허하게 기도하게 하옵소서. 이 땅에 다시는 전쟁이 없게 하시고, 항구적인 평화가 이루어지고, 남과 북이 서로 하나 되는 귀한 날이 오기를 간절히 기도드립니다. 병중에 계신 성도들을 기억하여 주시옵소서. 주님의 권능의 손길로 아프고 상한 부분들을 어루만져 주시옵고, 깨끗이 나음을 입어 주 앞에 나오게 하여 주시옵소서. 이 모든 말씀 예수님 이름 받들어 간절히 기도합니다. 아멘.

종교개혁가의 예배 정신

종교개혁가의 예배 정신

|

본문: 요한복음 4장 19-24절
설교일: 2017년 10월 15일
종교개혁 500주년 기념 설교

향수 가게에 다녀온 사람은 향수 냄새가 몸에 배죠. 생선가게 다녀온 사람은 생선 냄새가 납니다. 커피집에 오래 있다가 온 사람에게서는 커피 향이 납니다. 이처럼 사람은 어딘가 있다가 오면 몸에 향기가 남아 있게 마련입니다. 그렇다면 하나님께 예배하러 온 사람에게는 어떤 향기가 나야 할까요? 예배의 향기가 그 사람 속에 남아 있으면 좋겠지요? 예배의 향기란 무엇이겠습니까? 거룩하고 겸손하며, 때 묻은 세상에서는 느낄 수 없는 뭔가 구별된 삶의 향기일 것입니다. 그러나 예배당에서 예배를 드리고 난 후에 이 사람이 예배당에서 왔는지, 아니면 술집에서 왔는지, 아니면 시장통에서 왔는지 도무지 예배의 향기가 남아 있지 않은 예배자들이 있습니다. 그들에게서는 예배의 영광이 사라지고, 예배의 능력은 상실되지 않나 생각됩니다.

누군가가 우리를 향하여 "당신의 삶 속에서, 당신의 언어에서, 당신의 행동 속에서 예배의 향기가 나는 것 같습니다."라고 말을 한다면 어떨까요? 그 사람은 진정한 예배자입니다. 예배의 향기가 삶에 머물러 있는 사람입니다. 성전에서의 예배가 삶의 예배로 이어지는 사람입니다. 그 사람이 영과 진리로 하나님께 예배하는 사람입니다. 하나님이 찾으시는 예배자가 바로 그런 사람입니다.

1. 예배의 향기

로마서 12장 1-2절에서 "그러므로 형제들아 내가 하나님의 모든 자비하심으로 너희를 권하노니 너희 몸을 하나님이 기뻐하시는 거룩한 산 제물로 드리라 이는 너희가 드릴 영적 예배니라 너희는 이 세대를 본받지 말고 오직 마음을 새롭게 함으로 변화를 받아 하나님의 선하시고 기뻐하시고 온전하신 뜻이 무엇인지 분별하도록 하라"고 하였습니다. 하나님이 기뻐하시는 거룩한 산 제사, 영적 예배가 되어야 한다고 사도 바울도 강조하고 있습니다. 로마서 구조를 보면 이 말씀이 중요하다는 것을 알 수 있습니다. 로마서는 1장서부터 11장까지가 교리에 관한 말씀입니다. 12장에서 15장까지는 생활 편입니다.

생활 편에 나온 말씀은 구원받은 하나님의 백성들이 어떻게 살아야 하는가를 제시하고 있습니다. 12장 첫머리에 그리스도인의 생활에 대한 가르침으로 예배 생활이 가장 먼저 나옵니다. 로마서 12장에 보면 "겸손한 생활을 하십시오. 봉사하고 섬기는 생활을 하십시오. 이웃을 사랑하시고 원수를 미워하지 마시기 바랍니다. 선하게 살아가

십시오. 환란과 시험 중에서도 낙심하지 말고 늘 기도하십시오. 소망 중에 인내하고 환란 중에 참으며 하나님 나라를 사모하십시오."라고 하는 선교의 삶을 빛나게 하는 아름다운 삶의 권면들이 나옵니다. 그러나 이 모든 것보다 앞서는 것이 예배입니다. 먼저 하나님 앞에 올바른 예배자가 되어야 합니다. 성도가 성도다운 생활을 하는데 가장 먼저 실천해야 하는 것을 예배라고 사도 바울은 강조합니다. 성도의 삶에서 예배의 향기가 드러나는 것이 먼저이고, 그다음에 성도다운 삶을 이어가야 합니다.

사람이 목욕탕에 가서 때를 밀고 나오면 이전보다 깨끗해져서 나오지 않습니까? 나오는 순간 다시 더러워지는 것은 아닙니다. 마찬가지로 예배당에 가서 예배를 드리고 나올 때 영적인 목욕을 한 것과 같습니다. 그리스도의 보혈로 씻어 깨끗해진 것과 같이 나와서 깨끗한 모습으로 살아간다면 세상은 좀 더 반짝반짝 빛날 것이고 불신자들이 예배의 감동을 맛볼 수 있을 것입니다. 그래서 예배의 향기가 나는 사람이 중요하다는 것입니다.

2. 종교개혁가들의 예배

1) 예배를 잘 드린다는 의미

오늘은 종교개혁가들의 역사 중에서 예배에 대한 개혁 신학을 주제로 말씀드리겠습니다. 교회에서 습관적으로 하는 말 중에서 "예배를 잘 드려야 된다. 예배를 바르게 드려야 된다."라는 말이 있습니다. 특별히 오늘과 같이 예배를 주제로 말씀을 선포할 때 "예배를 잘 드리십시오."라는 권면을 많이 합니다. 그런데 여러분, 어떤 것이 예배를 잘 드리는 것이겠습니까? 얼마나 잘해야 하나님 앞에서 예배를 잘 드리는 겁니까? 하나님은 완전하신 분입니다. '잘하는 것'과 '완전하다는 것'은 차원이 다릅니다. 완전하신 분 앞에 예배를 잘 드린다는 게 무슨 뜻일까요? 하나님이 받으실 정도로 우리가 정말 예배를 잘 드릴 수 있을까요? 우리의 '잘 드림'이 하나님의 기준에 합격할 수 있는 것일까요?

우리는 다른 사람보다 예배를 좀 더 잘 드릴 수도 있습니다. 건성으로 왔다가 가는 예배자들이 있는가 하면, 마음과 뜻과 정성을 다해서 하나님께 예배하는 사람도 있습니다. 예배의 자리에 왔는지 수다 떠는 자리에 왔는지 모를 정도로 예배시간에 산만한 사람도 있고, 하나님 앞에 나온 것처럼 집중하며 경건한 자세로 예배드리는 사람도 있습니다. 예배시간에 핸드폰이 울리면 전화 받는 사람도 있습니다. 음료수를 들고 들어오는 사람도 있습니다. 성의껏 하나님께 예물을 드린다는 것을 예배시간에 생각지도 못하는 예배자도 있습니다. 이처럼 예배 자리에는 다양한 예배자들이 있습니다. 그런 사람과 비교해 볼 때 나는 분명히 더 성의껏 예배를 잘 드리고 있을 수도 있을 것입니다. 그렇다면 내가 남보다 좀 더 낫게 예배를 드렸다고 그 예배가 합격일까요? 남보다 예배를 더 잘 드렸으니 합격이라면, 나보다 예배를 더 잘 드리는 사람이 나타나면 나는 불합격일까요? 예배를 잘 드린다는 것은 도대체 어떤 기준으로 하는 말일까요? 완전하신 하나님 앞에서 '잘'이라고 하는 것, '바르게'라고 하는 것이 무슨 의미일까요?

2) 구원의 은혜로 드리는 예배

예배를 잘 드린다는 말 속에는 정성을 다해 예배를 드린다는 의미가 들어있을 것입니다. 하지만 우리가 정성을 다해서 예배를 드렸기 때문에 하나님이 받으실만한 예배가 된다면 그것은 예배 공로 사상에 빠지게 되는 것입니다. 인간의 최선이 하나님을 만족시키는 수단이라면 하나님은 인간의 노력에 종속되는 분이 되고 맙니다. 우리가 예배를 잘 드렸기 때문에 하나님이 그 예배를 받아 주시고 합격시켜 주시는 것이 아닙니다.

그렇다면 우리의 예배를 하나님이 받아 주시는 근거는 무엇이겠습니까? 내가 아무리 최선을 다해도 그것이 하나님이 받으시는 예배의 근거가 되지 않는다면, 하나님이 받으시는 예배가 되기 위해서 어떻게 해야 할까요? 하나님이 나의 예배를 받아 주시는 근거는 내가 예배를 잘 드렸기 때문이 아니라, 내가 예수 그리스도의 은혜를 의지하고 왔기 때문입니다. 기도가 뜨겁고 간절하기에, 기도 시간이 오래 걸려서 하나님이 내 기도를 들으시는 것이 아닙니다. 중보자 되시는 주 예수 그리스도의 이름으로 기도하기에 죄인의 기도도 하나님이 받아 주시는 것입니다. 어떤 사람이 산속에 들어가서 40일 동안 목욕재계를 하고 아침저녁으로 금식하면서 기도했다고 합시다. 그렇게 정성껏 기도했기에 하나님이 내 기도를 들어 주어야 한다면, 그것은 내 노력으로 기도에 응답받고자 하는 것과 같습니다. 하지만 우리는 기도를 그렇게 해도 되지만, 그렇게 하지 않아도 됩니다. 우리는 내 노력으로 기도하여 응답받는 것이 아닙니다. 예수 그리스도의 이름으로 기도하여 응답받는 것입니다.

"내 이름으로 무엇이든지 내게 구하면 내가 행하리라"(요 14:14). 주님의 이름으로 기도할 수 있기에 우리의 기도는 하나님의 보좌 앞에 상달되는 것입니다. 예배도 마찬가지입니다. 죄인의 더러운 옷을 입은 채로 아무리 정성껏 최선을 다해서 예배를 드린다 해도 더러운 냄새가 가리어지지 않을 것입니다. 그러나 예수 그리스도가 십자가에서 흘려 주시는 거룩한 보혈의 공로를 의지하여 하나님 앞에 나아가게 될 때, 하나님을 향한 예배의 문은 비로소 열리게 됩니다. 예수 그리스도께서 십자가의 보혈로 우리를 씻어 주시고 우리를 감싸 주시지 않으면, 우리는 하나님 앞에 감히 나설 수 없는 존재입니다.

그러므로 예수 그리스도의 구원에 근거한 예배만이 하나님 앞에 나아가게 합니다. 예배 공로주의자는 예배를 잘 드려야 한다고 생각합니다. 그러나 예배를 잘 드리는 것은 그다음입니다. 앞서 말씀드렸지만, 잘 드린다고 하는 것은 하나님의 기준에 맞지 않는 말입니다. 예배자는 먼저 예수 그리스도의 구원의 은혜를 믿어야 합니다. 그리고 그 은혜를 가지고 하나님 앞에 나아가야 합니다. "믿음이 없이는 하나님을 기쁘시게 하지 못한다"고 하였습니다. 구약성경에 나와 있는 것처럼 천천의 수양과 만만의 송아지를 가지고 하나님 앞에 나온다고 할지라도, 믿음이 없으면 하나님이 기뻐하시는 예배가 될 수 없습니다. 구원의 감격을 가진 자만이 예배의 감격을 알 수 있습니다. "나 같은 죄인 살리신 주님의 은혜 놀랍고, 감사합니다." 이런 예배의 감격이 있어야 합니다.

영은교회 성도 여러분, 예배를 잘 드리겠다고 마음먹기 전에 예수님의 구원을 깨달으시기 바랍니다. 나 같은 죄인을 살려 주시기 위해서 하늘의 영광스러운 보좌를 버리고 이 땅에 오신 그분, 십자가에 죽기까지 낮아지신 그분, 살과 피를 다 쏟으시고 찢기신 그분, 그분에 대한 감사와 감격을 먼저 회복할 수 있기 바랍니다. 이것이 없으면 예배의 문은 열리지 않습니다. 지성소의 휘장은 우리의 힘으로 열고 들어가는 것이 아닙니다. 속죄의 희생 제물의 피가 있어야 합니다.

예배는 하나님의 임재 앞에 나아가는 것입니다. 내가 예배를 잘 드리겠다는 열심과 노력이 나를 하나님의 임재 앞으로 이끄는 게 아닙니다. 어린 양 예수 그리스도의 보혈을 의지할 때만 하나님의 임재 앞에 나아갈 수 있습니다. 그래서 히브리서 기자는 예수 그리스도가 우리를 하나님의 지성소로 이끌기 위해 "새로운 살길"이 되어 주셨다고 말씀하고 있습니다(히 10:20). 이렇게 생각해 볼 때 종교개혁자들의 구원론 신학과 예배의 신학은 매우 밀접하게 연결되어 있습니다. 구원이 나의 노력과 공로로 이루어지는 것이 아니라 예수 그리스도의 은혜로 이루어지는 것처럼, 우리의 예배도 예수 그리스도의 은혜에 의해서 시작된다고 할 수 있습니다.

3) 예배의 대상은 오직 하나님

중세 가톨릭교회에서 예배는 믿음으로 구원받은 감격 없이 드리는 예배였습니다. 예배자는 가톨릭 사제들이 하는 대로 구경하는 것에 지나지 않았습니다. 모든 예배는 라틴어로 진행됐습니다. 성경도 라틴어로 읽었고 설교도 라틴어로 했습니다. 기도문도 라틴어입니다. 누가 그것을 알아들을 수 있겠습니까? 신자들은 성전에 와서 하나님께 죄의 고백도 할 수 없습니다. 죄의 고백은 신부에게 고해성사 때 할수 있었고, 신부는 사죄 선언을 해주었습니다. 사죄의 은혜는 예수 그리스도의 십자가를 바라보며 하는 게 아니라, 신부의 귀에 대고 하는 것이 되고 말았습니다. 중세 가톨릭 미사는 예수 그리스도의 구원의 은총 속에서 드리는 예배가 아니었습니다. 의식은 풍성했으나 예배속에 구원의 감격은 흐르지 않았습니다.

종교개혁자들은 이 메마른 예배를 다시 살려내려고 했습니다. 예배의 대상은 오직 하나님 한 분이십니다. 오직 하나님만이 영광 받으실 뿐입니다. 당시의 교황은 누구도 가지지 못한 삼중의 권력을 가지고 있었습니다. 세상의 권력을 가졌고, 천국의 열쇠도 가졌으며, 죄 사함의 권세까지 가지고 있었습니다. 그래서 교황이 머리 위에 쓴 관은 삼중 왕관이었습니다. 교황의 영광은 마치 예배를 받으시는 하나님 영광의 재현과 같았습니다. 하지만 종교개혁자들은 예배를 받으실 분은 오직 하나님 한 분뿐이라는 것을 강조함으로써 기독교 예배를 바로 세우려 했습니다.

마르틴 루터는 만인제사장론을 주장하면서 모든 사람이 개별적으로 하나님 앞에 나아갈 수 있고, 개별적으로 예수 그리스도를 힘입어서 사죄의 은총을 받을 수 있다고 하였습니다. 신부에게 고해성사하지 않아도, 신부가 죄 사함을 선언해주지 않아도, 스스로 하나님 앞에 나아가 회개하고 주님의 십자가 은혜 밑에 엎드릴 때 사죄의 은총을 받을 수 있다고 하였습니다. 무엇보다도 알아듣지도 못하고 읽지도 못하는 라틴어 성경과 라틴어 설교가 아니라, 백성들이 쓰고 있는 모국어로 성경을 읽고 강해하는 일에 힘썼습니다. 예배의 중심에 하나님의 말씀 선포가 있었습니다. 개혁가들의 설교는 성경 말씀을 해석하고 삶에 적용함으로써 신자들이 세상에서 하나님의 말씀대로 살아가도록 자극했습니다. 특별히 찬송가를 많이 만들어서 보급했습니다. 당시에는 찬송도 라틴어였습니다. 그리고 선택된 사람들만 부르는 의례와 같았습니다. 그러나 마르틴 루터와 개혁자들은 모국어로 찬송을 만들어서 성도가 다 같이 부르게 했습니다. 그것이 우리가 부르는 회중 찬송입니다. 이 찬송은 예배를 풍성하게 만들었고 신앙심을 고양 시켰습니다.

종교개혁자들의 예배 신학을 한마디로 정리하면, 예배자가 알고 예배드려야 한다는 것입니다. "예배자가 알고 예배를 드려야 된다." 무엇을 알아야 할까요? 우리가 왜 하나님께 예배를 드리는지를 알아야 한다는 것입니다. 그리고 우리의 예배를 받으시는 분이 누구신지를 알아야 한다는 것입니다. 내가 예배드리는 그분이 나에게 무엇을 원하고 계시는지를 알아야 합니다. 왜 우리가 하나님께 예배를 드려야 합니까? 하나님은 창조주이시고 보호자이십니다. 모든 신 중에 홀로 뛰어 나신 분입니다. 그러므로 온 우주 만물 가운데 예배를 드려야 될 분이 있다면 오직 하나님 그분뿐입니다.

4) 참된 예배는 하나님의 뜻대로 사는 것

하나님은 우리를 죄에서 구원해 주시기 위해 독생자를 이 땅에 보내 주셨습니다. 아무 죄도 없으신 하나님의 아들 예수 그리스도를 통해서 우리는 값 없이 죄 사함의 은혜와 구원을 받았습니다. 구원자 되신 예수 그리스도야말로 우리 예배의 중심에 계신 분입니다. 그분이 없으면 우리의 예배는 언제나 미완성의 예배일 수밖에 없습니다. 예수 그리스도를 통해서 구원받은 감격이 있기에 비로소 하나님의 임재 앞에 나아가는 예배가 될 수 있는 것입니다.

하나님이 그 아들을 주시기까지 나를 사랑하여 주시고 구원하여 주셨다면 거기에는 반드시 뜻이 있을 것입니다. 영과 진리로 드리는 참된 예배는 그 뜻을 알고 시행하는 것으로 마무리됩니다. 예배의 끝은 축도가 아닙니다. 예배의 끝은 송영도 아닙니다. 선포된 말씀을 통해서, 기록된 말씀을 통해서 나에게 들려주시는 하나님의 뜻을 알고 그 뜻대로 사는 게 예배의 끝입니다. 그것은 예배의 시작이기도 합니다. 성전 안에서 끝난 예배가 삶에서 이어지게 될 때, 예배는 삶에서 다시 시작되는 것입니다.

5) 성령의 감동이 있는 예배

예배의 중심에는 언제나 예수 그리스도의 구원 사역이 있습니다. 그렇다면 2,000년 전에 있었던 십자가 사건을 오늘 내가 드리는 예배시간에 재현시켜 주시는 분은 누구일까요? 내 속에 들어와 계시고, 우리의 예배 가운데 와 계시는 성령님입니다. 성령은 그리스도의 영입니다. 성령이 우리 가운데 계심으로 내가 예수 그리스도를 구주로 고백할 수 있습니다. 성령은 나에게 믿음을 주시는 분입니다. 성령의 감화 감동으로 예수님의 십자가 사건이 나를 위한 고난의 사건이었음을 고백할 수 있습니다. 성령은 순결하고 거룩한 영입니다. 성령의 강권하심이 있기에 내 속에 더럽고 추한 죄를 들여다보고 회개의 기도를 드릴 수 있습니다. 주님의 대속의 은총이 아니고서는 우리의 죄를 해결할 방법이 없다는 것을 깨닫게 해 나를 십자가 앞에 엎드리게 하는 분은 성령입니다. 성령은 우리를 위로하고 격려해 주시는 보혜사이기도 합니다. 죄인이 거룩한 하나님 앞에 나와서 예배드릴 때 두려움이 아니라 감격과 감사의 눈물을 흘릴 수 있는 것은 성령님이 위로해주시고 힘주시기 때문입니다.

그러므로 성령의 역사가 없는 예배는 죽은 예배와 같습니다. 예수 그리스도의 대속의 은혜로 하나님의 임재 앞에 나왔다면 성령의 감화와 감동으로 임재의 생명과 기쁨, 감사가 있는 것입니다. 예배자의 참된 믿음과 성령님의 내주하심과 역사하심이 둘이 하나로 어우러질 때 예배는 영과 진리로 드리는 예배가 될 수 있습니다.

3. 다짐과 결어

사랑하는 성도 여러분, 우리가 드리는 예배 순서는 그냥 저절로 된 게 아닙니다. 아주 멀리는 초대교회 성도들의 신앙 고백에서부터 시작됐습니다. 그들은 로마 황제 앞에서 머리를 숙이고 황제에게 예배드리라고 하는 권력의 칼에 맞서면서 오직 예배받으실 분은 하나님 한 분뿐이라고 고백했습니다. 다른 종교를 믿는 사람들은 누구에게 예배하든, 누구에게 머리를 숙이든 크게 문제 되지 않았습니다. 예배에 대한 뚜렷한 의식이 없었던 것입니다. 그러나 초대교회 성도들은 예배를 받으시는 분은 오직 성삼위 하나님뿐이라는 것을 알기에 굴복할 수 없었습니다.

종교개혁자들은 예배의 진정한 뜻과 감격을 알지 못한 채 와서 예배하는 중세의 어두운 예배를 구원의 감격과 성령의 감동이 있는 예배로 전환시키려고 노력했습니다. 그들의 투쟁과 신학 사상이 우리가 드리는 예배 순서 중에 있습니다. 모국어로 성경을 읽고, 모국어로 말씀을 듣고, 다 같이 힘차게 찬양하는 것은 종교개혁자들 덕분입니다. 십자가 사죄의 은총에 의지하여 죄를 고백하고, 예배자 각 개인이 주님 보좌 앞에 나아갈 수 있었던 것도 그들 때문입니다. 각 개인이 주님의 이름으로 기도할 수 있는 것이 지금은 평범한 일이지만, 종교개혁 이전까지는 어려웠습니다. 그러므로 우리가 드리는 예배의 소중함을 기억하시기 바랍니다. 순서 하나하나마다 믿음의 선배들의 눈물 어린 수고와 기도가 있었음을 잊지 마시기 바랍니다. 우리가 예배를 드릴 때 누구 앞에 와 있는지를 기억하시기 바랍니다. 예배 시작종이 울리는 순간에 예배가 시작되는 게 아닙니다. 예배를 준비하는 자세에서부터 예배는 이미 시작된 것입니다.

한 성도님으로부터 메일을 받았습니다. 성전에서 너무 웅성거리고 떠든다는 것입니다. 조용히 묵상으로 기도하면서 예배를 준비해야 하는데 주변이 웅성웅성 말이 많다고 합니다. 예배자뿐만 아니라 안내하시는 분들이 계신 곳에서도 시끄러울 때가 있다고 합니다. 좀 더 잠잠히 예배를 맞이하고 싶은데 주변이 너무 소란스러워서 그 잠잠한 마음이 자꾸 깨진다고 합니다. 사랑하는 성도 여러분, 예배당 안으로 일단 들어왔으면 잠잠히 하나님을 기다리며 예배를 준비하는 습관을 갖길 바랍니다. 결혼식에 가보면 젊은 사람들도 다 말끔하게 옷을 입고 오지 않습니까? 주님 앞에 나올 때도 적어도 우리가 결혼식에 갈 때 정도는 되어야 하지 않겠습니까? 이단들이 잘하는 것이 있습니다. 이단들은 복장을 깨끗하게 합니다. 질서가 있어 보입니다. 우리가 그들보다 못할 것이 무엇이겠습니까? 이단이 있고 나서 우리가 있는 게 아닙니다. 언제나 정통이 있고 나서 이단이 있는 것입니다. 이단은 정통의 찌꺼기일 뿐입니다. 그러므로 우리가 그들보다는 나아야 합니다.

말씀을 마치도록 하겠습니다. 우리의 예배 속에 초대교회 성도들의 강인한 신앙 정신과 개혁자들의 신학과 노력, 기도, 이런 것들이 들어있습니다. 예배를 잘 드린다는 것은 인간적인 어떤 공로가 아닙니다. 예수 그리스도의 대속의 은혜를 성령님의 역사로 붙잡는 것입니다. 믿음으로 구원받은 것처럼 믿음으로 하나님의 임재 앞에 나아가는 것입니다. 그리스도인다운 생활의 첫 출발은 삶 속에서 예배의 향기가 묻어나는 것입니다. 그러기 위해서 우리는 하나님의 말씀을 경청해야 하고, 그 말씀의 뜻을 잘 알아야 합니다. 무엇보다도 예수 그리스도께서 값없이 내게 베풀어주신 구원의 은혜와 구원의 감격으로 예배에 나오시기 바랍니다. 그럴 때 예배문이 열리는 것입니다. 잠잠히 하나님을 기다리며 주님이 주실 은혜를 사모하시기 바랍니다. 내가 무엇을 하겠다고 나서지 마시고 하나님이 나에게 해주실 것을 기대하며 은혜의 그릇을 준비하는 예배자들이 되시기를 주님의 이름으로 축원합니다.

하나님 아버지, 감사드립니다. 오늘 저희가 종교개혁자들의 예배 신학에 대하여 상고하였습니다. 하나님, 우리는 성전에 나와서 예배를 드릴 때 '예배를 잘 드려야겠다. 바르게 드려야겠다'라고 늘 다짐하지만, 그것이 완전하신 하나님 앞에 어찌 기준이 될 수 있겠습니까. 다만 죄인 된 저희가 예수 그리스도의 십자가 보혈로 구원의 은혜를 의지하여 주 앞에 나와 예배합니다. 하나님, 십자가의 보혈을 의지하여 지성소 앞으로 나아가니, 저희를 맞아주시고 저희가 드리는 예배 가운데 임재하여 주시옵소서.

언제나 우리가 주 앞에 나와 예배드릴 때 먼저 예수님의 십자가를 바라보게 하시고, 그 십자가의 공로를 의지하여 하나님의 보좌 앞으로 나아갈 수 있도록 도와주시옵소서. 성령님께서 우리 가운데 늘 감화 감동하여 주서서 주님의 십자가의 대속 사역이 나를 위한 것임을 깨닫게 하여 주시옵소서. 예배 가운데 감격과 은혜가 흐를 수 있도록 역사하여 주시옵소서.

사랑이 많으신 하나님, 우리가 예배를 드리고 나가면 그것으로 다시 끝나는 것이 아니라, 삶의 현장 속에서 예배의 향기가 묻어나게 하여 주시옵소서. 더 정결하고, 더 거룩하고, 더 아름답고 귀한 삶으로 나아갈 수 있도록 저희를 인쳐 주시옵소서. 그래서 삶이 예배로 전환되는 귀한 은총을 주시옵소서.

아버지 하나님, 이 시간 모든 성도의 가정을 위해서 기도합니다. 하나님, 모두가 어렵고 힘든 시대를 살아가고 있습니다. 하나님의 은혜와 사랑이 저들 가정마다 함께 하서서 여호와의 물 댄 동산 같게 하여 주시옵소서. 우리를 개인적으로 인격적으로 만나 주시는 하나님을 기억하며, 삶의 짐이 힘들 때 기꺼이 주님 앞에 나오는 우리 모든 성도가 되게 하여 주시옵소서.

목마른 영혼에게 생수를 주시는 하나님, 힘들고 곤할 때 하나님이 은혜로 주시는 생수를 의지하여 다시 일어설 수 있도록 도와주시고, 이 순례의 길을 잘 감당할 수 있게 지켜 주시옵소서. 모든 성도의 일터 위에도 함께 하여 주서서 노력하고 수고한 많은 것들이 아름다운 열매로, 풍성한 알곡으로 결실할 수 있도록 도와주시옵소서. 예수님 이름으로 간절히 기도합니다. 아멘.

Chapter 09

사도 바울의 마지막 부탁

사도 바울의 마지막 부탁

본문: 디모데후서 4장 9-18절
설교일: 2017년 11월 26일 주일

지구상에는 여러 나라가 있습니다. 그중에는 잘사는 선진국도 있고 못사는 후진국도 있습니다. 사회학자들의 연구에 의하면 선진국들은 몇 가지 공통점이 있다고 합니다. 그중에 하나는 선진국에는 겨울이 있다는 것입니다. 겨울은 준비해야 하는 계절입니다. 준비하지 않고 겨울을 맞이했다가는 얼어 죽고 굶어 죽기 딱 좋습니다. 그래서 겨울이 있는 나라는 겨울이 오기 전에 열심히 준비해야 하기에 그 나라 사람은 부지런하다고 합니다. 겨울의 추위와 불편함을 극복하기 위해서 여러 가지 준비를 해야 하죠. 식량도 미리미리 준비해 놓고 난방 도구도 준비하고 추위가 닥치기 전에 낡은 집도 수리해야 합니다. 겨울은 사람을 긴장하게 만들고 준비하게 만듭니다. 그래서 겨울과 싸움에서 이기기 위해 열심히 노력하고 준비하다 보면 잘 사는 나라가 된다는 말씀입니다.

집안 살림하는 주부들도 찬 바람 불면 먼저 옷 정리부터 하지 않습니까? 여름 동안에 입었던 얇은 옷들을 정리해서 옷장에 집어넣고, 옷장에 있던 두꺼운 옷들을 다시 꺼내 놓습니다. 겨울 동안 먹을 김장도 합니다. 이것은 우리 사회가 오랫동안 이어온 월동준비 가운데 하나입니다. 오늘 주보에 광고가 나왔습니다만, 우리 교회도 이번 수요일과 목요일 이틀 동안 성도님들이 일 년 동안 먹을 김장을 합니다. 매주일 1천 명 이상 점심을 드시기 때문에 김장 분량도 엄청나다고 합니다. 지금까지 김장할 때면 많은 봉사자가 도와주셔서 어렵고 힘든 일을 잘할 수 있었습니다. 바쁘신 줄 압니다만 많이들 오셔서 도와주시기 바랍니다. 영은 가족이라면 누구나 와서 함께 도움의 손길을 주실 수 있습니다. 오시면, 우리가 먹을 수 있는 김장을 하고, 성도의 교제도 나눌 수 있습니다.

이처럼 겨울이 성큼 우리 앞에 다가온 것을 생각하면서 오늘 설교 본문을 정했습니다. 오늘 읽지는 않았습니다만 21절 말씀을 보면 사도 바울은 "너는 겨울 전에 어서 오라"라고 디모데에게 말하고 있습니다. 디모데후서는 한평생 복음을 전하다가 두 번째로 감옥에 갇힌 사도 바울이 사랑하는 믿음의 아들이요, 사역의 동역자인 디모데에게 보내는 마지막 편지입니다. 사도 바울은 이 편지를 보내고 한 2년 가까이 감옥에 갇혀 있다가 로마의 네로 황제에 의해서 목이 잘려 순교했습니다. 디모데후서는 사도 바울의 죽음을 앞둔 편지입니다. 바울의 마지막 고백과 마지막 부탁이 들어있습니다. 그래서 유서와 같은 책이라고도 표현합니다. 또한, 바울이 마지막을 보낼 때 주변 상황이 어떠했는지를 알 수 있는 중요한 정보를 담고 있습니다.

바울은 디모데에게 "너는 겨울이 오기 전에 어서 오라"라고 당부하고 있습니다. 추운 겨울이 오기 전에 준비해야 할 것이 있다는 말씀입니다. 왜 사도 바울은 겨울이 오기 전에 빨리 오라고 했을까요? 첫 번째는 사도 바울의 개인적인 이유입니다. 바울은 이미 나이가 많은 노(老) 사도가 되었습니다. 차가운 감옥에서 다른 죄수들과 함께 험한 취급을 당하고 있습니다. 언제 자기의 생명이 끊어질지 모릅니다. 그러기 때문에 조금이라도 일찍 디모데를 만나기 원했던 것입니다.

둘째는 겨울이 되면 지중해가 얼어붙고 바람이 심해서 배가 다닐 수 없습니다. 지금이야 비행기 타고 가면 1~2시간 안에 갈 수 있는 거리입니다. 하지만 그 당시에는 대부분 배를 타고 나라와 나라, 대륙과 대륙 사이를 이동했습니다. 그런데 겨울이 오면 바다가 얼어서 이동할 수가 없습니다. 그래서 바울은 겨울이 오기 전에 빨리 디모데가 왔으면 좋겠다고 부탁한 것입니다. 사도 바울의 첫 번째 부탁은 겨울이 오기 전에 어서 오라는 것입니다.

1. 겨울이 오기 전에 오라

사랑하는 성도 여러분, 우리의 인생이 언제나 봄날과 같이 좋은 날만 있는 것은 아닙니다. 때로는 비바람이 불고 북풍한설이 몰아치는 차가운 날씨와 같은 시간도 있습니다. 그러므로 미리미리 준비하는 삶이 되어야 합니다. 언제나 젊고 힘 있는 청춘의 날만 있는 게 아닙니다. 세월이 흐르고 흐르면 누가 붙잡아 주지 않으면 일어서기도 어려운 날이 오기도 합니다. 내일은 아무도 모릅니다. 오늘 해야 할 일을 뒤로 미루지 마시기 바랍니다. "오늘 헛살아도 내일이 있으니 괜찮아!" 이런 안일한 삶을 살지 마시기 바랍니다. 내일이 꼭 온다는 보장이 없습니다. 2년 전 이맘때 설교에도 말씀드렸습니다만 제 중학교 친구는 밴드에 "이번 주 금요일에 만나자!" 이렇게 해 놓고서는 갑작스러운 심장마비로 수요일에 세상을 떠났습니다. 금요일에 만나기로 한 친구들은 그 친구의 장례식장에서 만나야만 했습니다.

인간은 내일 일을 장담할 수 없다고 하였습니다. 선을 행할 줄 알고도 행하지 않으면, 그것은 죄라고 했습니다. 오늘 봉사하고, 오늘 전도하고, 오늘 사랑하고, 오늘 선한 일을 해야 하는데, 그것을 뒤로 미루다가 하지 못하고 이 세상을 떠나면 하나님 앞에 죄가 되는 것입니다. 그러므로 하나님이 우리에게 주신 시간을 소중히 여기고 잘 사용할 수 있길 축원합니다.

동물의 왕국을 보니까 한 곰이 겨울이 왔는데도 겨울잠을 자지 아니하고 계속해서 돌아다니고 있었습니다. 겨울잠을 잘 동안 보충해야 할 영양분을 곰이 충분히 마련하지 못했기 때문에 그 양분을 채우려고 산과 강으로 돌아다니고 있었습니다. 다른 곰들은 다 겨울잠을 자러 들어갔는데, 이 곰은 추운 겨울을 떨며 돌아다녀야 했습니다. 그 곰을 보면서 참 불쌍하다는 생각이 들었습니다. 그 곰은 겨울이 오기 전에 준비할 것을 준비하지 못했기 때문입니다.

하나님의 심판대 앞에서 지옥으로 떨어지는 판결을 받은 사람들은 한결같이 '걸걸' 한다고 합니다. 그 '걸걸'이라고 하는 게 무엇입니까?

그때 할 '걸', 그때 하지 말 '걸', 그때 이럴 '걸', 그때 잘할 '걸', 이렇게 '걸걸' 하면서 후회하며 지옥으로 간다는 것입니다. 그러므로 지나서 후회하지 마시고 지금 할 수 있는 시간에 최선을 다해서 살아가는 성도님들이 되시기를 소원합니다.

제가 아는 우리 교회 장로님 한 분은 성경 100독을 목표로 해서 열심히 성경 읽기에 몰입하고 있다고 합니다. 올해 하반기부터 시작해서 벌써 4독을 했습니다. 이분은 80이 다 되어가는 장로님이십니다. 하나님이 주신 생명이 얼마인지는 모르지만, 성경 100독 해서 「성경 만독 대행진」의 완료 시간을 조금이라도 앞당기겠다는 헌신의 마음을 가지고 아침부터 밤까지 하나님의 말씀을 깊이 읽고 있다고 합니다.

러시아의 대문호 톨스토이가 이야기 한 세 가지 질문이 있지 않습니까? "이 세상에서 가장 중요한 시간은 언제인가? 이 세상에서 가장 중요한 사람은 누구인가? 이 세상에서 가장 중요한 일은 무엇인가?" 이 세상에서 가장 중요한 시간은 바로 '지금'입니다. 이 세상에서 가장 중요한 사람은 '지금' 내가 만나는 사람입니다. 이 세상에서 가장 중요한 일은 '지금' 내가 만나는 그 사람에게 선을 행하는 것입니다.

사랑하는 성도 여러분, 하나님이 주신 시간과 기회를 헛되이 보내지 말고 가치 있고 보람되고 유익하게 사용하시기 바랍니다. 하려고 해도 할 수 없는 겨울이 오기 전에 하나님이 기뻐하시는 일에 충성하시는 성도님들이 되시기를 축원합니다.

2. 신실하고 유익한 사람이 되라

둘째로 사도 바울의 마지막 부탁은 신실한 사람, 유익한 사람이 되라는 것입니다. 오늘 본문을 보면, 여러 사람의 이름이 나옵니다. 이 편지 수신자인 디모데부터 시작해서 데마, 그레스게, 디도, 누가, 마가, 두기고, 가보, 알렉산더, 브리스가, 아굴라, 오네시보로, 에라스도, 드로비모, 으불로, 부데, 리노, 글라우디아 등, 총 18명의 이름이 나오는 것을 볼 수 있습니다. 이 사람들이 누구인지 우리는 모릅니다. 그러나 바울의 기록을 통해 이 사람들이 어떤 사람이었는지 알 수 있습니다.

바울에게 큰 힘이 되었던 신실한 사람이 있는가 하면, 바울을 실망하게 하고 해를 끼친 사람도 있습니다. 실망스러운 사람들보다는 힘이 되고 유익한 사람이 훨씬 많았다는 사실이 참 다행스럽습니다. 그 중에 데마와 누가, 마가, 이 세 사람의 모습은 나를 비춰보는 거울과도 같은 사람들입니다.

1) 실패한 사람, 데마

첫째로 데마에 대해서 나오죠? "데마는 이 세상을 사랑해서 나를 버리고 데살로니가로 갔고"라고 10절에 기록되어 있습니다. 데마는 사도 바울의 복음 사역에 동참하는 것을 버리고 이 세상의 쾌락을 좇아 가버렸습니다. 데마는 원래 이런 사람은 아니었습니다. 성경은 데마에 대해서 3번 언급합니다. 빌레몬서 1장 24절 말씀에는 데마가 바울의 동역자로 나옵니다. 데마는 "나의 동역자 나의 사랑하는 동역자"라고 불렸던 사람입니다. 힘이 되는 사람이었고 바울에게 꼭 필요한 사람이었습니다. 그런 사람이 이제는 세상을 사랑하여 주를 버리고 세상으로 가버렸습니다. 시간이 지나면서 데마의 믿음과 사명감은 싸늘한 재처럼 식어 버리고 말았습니다. 주님의 일을 하는 것이 기쁘지 않았습니다. 주님의 십자가를 지고 가는 것이 귀찮았습니다. 그 대신 세상에 대한 욕심과 유혹이 점점 더 커졌습니다. 그래서 데마는 자기의 동역자들을 버리고 자기의 신앙과 교회를 버리고 세상으로 가버렸습니다.

갈라디아서 3장 3절을 보면, 사도 바울이 갈라디아 교회 성도들을 책망하는 내용이 나옵니다. "너희가 이같이 어리석으냐 성령으로 시작하였다가 이제는 육체로 마치겠느냐." 사도 바울이 갈라디아 교회의 성도들을 향하여 준엄하게 질책을 합니다. "너희가 성령으로 시작했다가 육체로 마치려고 하느냐." 데마는 이 책망의 말씀이 그대로 적용되는 사람이었습니다. 데마는 성령으로 시작했다가 결국 육체로 마친 사람이 되고 말았습니다. 데마는 믿음의 길을 끝까지 완주하지 못하고 중도에 탈락한 대표자였습니다. 데마는 도망자가 되어 버렸고, 실패한 믿음의 사람이 되었습니다. 끝이 안 좋은 사람이 되고 말았습니다.

2) 유익한 사람, 마가

두 번째 사람은 마가입니다. 11절에 보면 "네가 올 때에 마가를 데리고 오라 그가 나의 일에 유익하니라." 이렇게 말씀을 하고 있습니다. 마가는 마가복음을 기록한 저자입니다. 마가는 초대교회 신앙 공동체와 아주 깊은 관계를 맺은 집안의 자녀입니다. 베드로를 비롯해 열두 사도가 주님의 제자로 부름을 받을 때 마가는 아직 어렸던 것 같습니다. 마가의 집 다락방은 사도들과 초대교회 성도들이 모여 기도하던 곳이고, 특별히 주님이 마지막으로 제자들과 유월절 만찬을 나눈 곳입니다. 이처럼 마가의 집은 초대교회 성도들의 사랑방과 같은 곳이었습니다. 어쩌면 지구상 최초의 교회가 마가의 집이었을 수도 있습니다. 그 집의 아들이니 초대교회 성도들에게 얼마나 많은 사랑을 받았겠습니까? 특별히 마가는 바울의 동역자 바나바의 조카이기도 했습니다. 그래서 사도 바울도 잘 아는 사람입니다.

바울과 바나바가 1차 전도여행을 떠날 때 아직 경험이 부족하지만, 자기들이 사랑하는 젊은 마가를 데리고 함께 갔다고 사도행전 13장에 기록하고 있습니다. 그런데 마가는 가서 전도 여행을 하던 중에 닥친 고난과 역경을 감당하지 못하고 도중에 도망가 버렸습니다. 사도행전 15장 36-40절을 보면 사도 바울과 바나바가 마가로 인해 심히 다투는 장면이 나옵니다. 이유는 바울이 생각하기에 복음을 전하다가 참지 못하고 도망가버린 마가를 다시 데리고 가고 싶지 않아서였습니다. 그래서 두 사람이 심히 싸웠던 것입니다. 데마도 세상을 사랭해 도망가 버렸고, 마가도 힘들고 어려워서 참지 못해 사역의 길에서 도망가 버렸습니다. 다 같이 도망자가 되었죠. 그 둘은 바울에게 심한 실망감을 안겨주었습니다. 그러나 그 끝은 달랐습니다.

데마는 세상을 사랑하여 바울을 버리고 세상에 완전히 빠져 버렸지만, 마가는 그렇지 않았습니다. 오랜 세월이 지난 후에 마가는 다시 바울에게 유익한 사람이 되어 돌아왔습니다. 마가는 젊은 날 자신의 실패를 거울삼아 더 큰 사람이 되었습니다. 마가와 데마, 둘 다 도망자였습니다. 그러나 한 사람은 실패하고 한 사람은 더 크게 일어났습니다. 그래서 전화위복의 사람이 되었습니다. 신앙이란 이런 것입니다. 실패 속에서도 다시 일어나는 것, 거기에 은혜가 있습니다. 하나님이 기뻐하시는 유익한 사람, 도움이 되는 사람, 소망의 사람이 되어 자신의 인생을 마무리하는 것, 이게 바로 마가가 보여주는 삶의 교훈입니다.

사람이 살면서 완전한 사람처럼 한 번의 실수와 실패도 없이 완벽하게 살 수만 있다면 얼마나 좋겠습니까? 그러나 인간은 죄인이고 연약한 존재입니다. 흔들리는 갈대와도 같은 존재입니다. 우리는 실패하고 넘어질 수도 있습니다. 쓰러지고 밟힐 수도 있습니다. 그러나 그것이 끝이 아닙니다. 우리를 다시 수렁 가운데서 일으켜 세워 주시는 하나님의 은혜와 능력을 믿고 더욱 힘차게 일어나서 달려갈 때, 우리는 하나님이 기뻐하시는 복음의 사람이 되는 것입니다. 마가가 그런 사람이었습니다. 실패했지만 그 실패로 인하여 좌절하고 무너지는 것이 아니라, 그것을 거울삼고 계단 삼아서 더 높이 뛰어오른 사람이었습니다. "마가를 데리고 오라 그가 나에게 꼭 필요한 사람이다"라고 말할 정도의 인생이 되었습니다.

3) 처음과 끝이 똑같은 사람, 누가

세 번째 사람은 누가라는 사람입니다. "누가만 나와 함께 있느니라"(11절). 누가는 좋은 사람이었습니다. 누가는 성경에 보면 나쁘게 평가한 기록이 하나도 없습니다. 누가는 처음부터 끝까지 좋은 사람이었고, 신실한 사람이었습니다. 그는 칭찬받고 사랑받는 사람이었습니다. 다시 말하면 처음과 끝이 똑같은 사람이었습니다. 누가는 의사이자 지식인이었습니다. 그리고 누가복음과 사도행전을 기록한 사람입니다. 역사학자이기도 합니다. 누가는 전도에 힘쓰는 복음 사역의 동역자이기도 합니다. 누가는 하나님이 자기에게 주신 달란트를 다 발휘해서 한평생 변함없이 봉사하고 헌신한 유익한 사람이었습니다. 바울이 어디에 있든지 누가가 그 곁을 지켰습니다. 바울이 1차 감옥에 갇혔을 때도 누가가 거기에 있었고, 2차 감옥에 갇혀 있을 때도 오늘 11절 말씀처럼 누가가 함께 지키고 있었습니다.

그래서 누가는 항상 함께 있어 주는 사람입니다. 항상 함께 있어 주는 사람, 항상 힘이 되어주는 사람, 항상 기댈 수 있는 사람, 이 사람이 바로 누가였습니다. 누가와 같은 사람을 만난 사역자가 얼마나 힘이 되겠습니까? 누가는 헬라인입니다. 유대인이 아닙니다. 그럼에도 불구하고 누구보다 열심히 주님을 믿고 따랐습니다. 전인격적 믿음의 사람이 바로 누가입니다. 우리는 누가를 통해서 바울이 얼마나 큰 소망과 힘을 얻었는지 알 수 있습니다.

사랑하는 성도 여러분, 우리가 기왕에 되려면 누가와 같은 성도들이 되시기를 축원합니다. 누가와 같은 성도들이 되어서 정말 처음과 끝이 동일하게 하나님 앞에 설 수 있는 믿음의 백성들, 믿음의 교회가 되기를 축원합니다.

3. 겉옷과 책을 가져오라

바울의 세 번째 마지막 부탁은 겉옷과 가죽 책을 가지고 와 달라고 부탁하고 있습니다. 그래서 13절에 보니까 "네가 올 때에 내가 드로아 가보의 집에 둔 겉옷을 가지고 오고 또 책은 특별히 가죽 종이에 쓴 것을 가져오라"라고 말씀하고 있습니다. 추운 겨울 감옥에서 지내야 하는 사도 바울에게 추위를 막아 줄 겉옷은 꼭 필요한 것입니다. 겉옷이라고 하는 게 오늘 우리가 입는 패딩 잠바라든지 아니면 좋은 옷 같은 게 아닙니다. 옷 위에 둘러쓰는 모포 담요 같은 것입니다. 겨울이 오기 전에 사도 바울은 겨울을 대비하고자 겉옷을 가져오라고 했습니다. 전 세계를 누비면서 영웅처럼 복음을 전하던 사도 바울이 외롭고 쓸쓸한 노년을 보내는 것 같아서 마음이 아프기도 합니다. 그러나 사도 바울은 마지막까지 자기의 사명을 놓지 않기를 원했습니다. 추운 겨울이 오기 전에 겨울을 대비하고 언제인지는 모르지만, 다시 감옥에서 풀려나면 땅끝까지 복음 전하는 사명을 멈추지 않으려는 결심으로 겨울과 맞서고 있는 것입니다.

특별히 오늘 본문을 보면, 사도 바울을 괴롭히고 방해한 알렉산더라는 사람이 나옵니다. 바울은 이 사람을 원망하거나 정죄하지 않겠다고 합니다. 어차피 심판하시는 분은 하나님입니다. 하나님에게 그 사람을 맡기고 자신은 자기의 본분에만 충실하겠다는 넓은 마음을 보입니다. 그러면서 동시에 "이런 사람들을 주의하고 이런 사람들과 어울리지 말라"고 당부의 말을 하고 있습니다. 사람은 친구를 보면 안다고 하잖아요. 그 사람이 누구와 어울리고 있는지 주변에 있는 친구들을 보면 그 사람의 됨됨이를 안다고 합니다. 알렉산더와 같은 사람과 어울리면 자신도 모르는 사이에 복음의 대적자가 되고, 교회를 방해하게 되고, 교회에 걸림돌이 될 수 있다는 것입니다. 그러하기에 사도 바울은 디모데에게 "이런 사람을 주의하고 이런 사람들과 함께 다니지 말라"고 교훈하고 있습니다.

우리는 살면서 원망과 불평을 할 수 있는 여러 가지 생애 장애물을 만나게 될 때가 있습니다. 가는 길이 아무런 장애물 없이 탄탄대로라면 얼마나 좋겠습니까? 그러나 그런 길은 없습니다. 겨울의 북풍이 바이킹을 만들었다고 하는 말이 있지 않습니까? 유능한 사공은 거친 파도와 싸우면서 만들어지는 것입니다. 그러므로 사랑하는 성도님, 어렵고 힘든 겨울이 닥치기 전에 미리 준비해야겠습니다. 겨울이 다가와 힘들고 어려울지라도 모든 것을 꿋꿋이 이겨 나가길 바랍니다. 잘 준비하여 하나님의 사명을 감당하고자 하는 결심이 있기를 바랍니다.

사도 바울의 마지막 부탁은 자신의 결심에 대한 표현입니다. "겨울이 오기 전에 겉옷을 가지고 와 달라"는 말은, 겉옷을 가지고 겨울의 추위를 이기고 다시 일어나서 하나님이 나에게 자유를 주시는 그날 복음 사역에 힘쓰겠다는 것을 의미합니다. 언제나 꿈을 가지고, 희망차게 비전을 품고 살아가고 있는 노(老) 사도의 삶의 철학을 엿볼 수 있습니다.

또한, 그는 "책을 가지고 오라"고, 특별히 "가죽 책을 가지고 오라"고 말하고 있습니다. 이 책이 어떤 책인지는 모르지만 많은 성서학자는 구약성경일 것이라고 말합니다. 사도 바울은 가말리엘 문하에서 공부했을 정도로 성경에 정통한 사람이었습니다. 그럼에도 불구하고, 그는 감옥에서조차도, 불편하고 힘든 상황에서조차도, 하나님의 말씀을 놓지 않으려는 모습을 보여주고 있습니다. 이것은 모든 목회자와 성도들에게 귀감이 되는 모습입니다. 우리는 언제나 하나님의 말씀과 함께 가야 합니다. 말씀보다 앞서지도 말고, 말씀보다 뒤처지지도 말고 말씀을 우리 인생의 등불 삼아서 말씀과 함께 가야 하는 사람들, 그 사람들이 바로 그리스도인들이 아니겠습니까? 사도 바울은 감옥에 있으면서도 감옥에서 하나님의 말씀으로 힘을 얻고 소망을 갖기를 원했습니다.

사랑하는 성도 여러분, 여러분은 세상 살아갈 때 힘들고 어려운 일들을 만나면 무엇으로 그것들을 극복하기를 원하십니까? 하나님은 우리에게 당신의 말씀을 주셨습니다. 이 말씀이 우리의 힘이 되고 우리의 능력이 되는 것입니다. 그러므로 언제나 말씀과 함께하는 삶이 되시기를 축원합니다. 절기상으로만 겨울이 돌아오는 것이 아니라, 우리의 영적인 믿음의 삶에도 겨울이 돌아옵니다. 겨울이 오기 전에 미리 준비해야 합니다. 모든 것을 잘 준비한 자가 겨울에 배고픔을 이겨 낼 수 있고, 새봄을 맞이할 수 있습니다. 우리 앞에 닥친 시험과 환란, 이 영적인 주기가 아무리 힘들고 어려울지라도 하나님의 말씀으로 잘 준비하여 승리하시기를 주님의 이름으로 축원합니다.

하나님 아버지, 벌써 겨울이 성큼 다가와서 월동준비를 이곳저곳에서 하고 있습니다. 사도 바울이 사랑하는 제자 디모데를 향하여 당부한 "너는 겨울이 오기 전에 속히 나에게 오라"라고 하는 마지막 말씀을 이 시간 함께 상고하였습니다. 우리 인생의 겨울도 곧 찾아올 터인데 겨울이 오기 전에 하나님께 영광 돌리는 믿음의 사람으로 잘 준비할 수 있도록 도와주시옵소서.

하나님이 주신 기회들을 소중히 여기고 뒤로 미루지 않도록 도와주시옵소서. 하나님 앞에 꼭 유익하고 쓰임 받는 일꾼들이 될 수 있도록 도와주시옵소서. 어떤 시련과 환란이 와도 하나님 안에서 소망과 비전을 잃지 아니하고 주신 사명 잘 감당하게 하시고, 말씀으로 이겨 나가는 저희가 다 되게 도와주시옵소서.

사랑이 많으신 하나님, 이 시간 우리 모든 성도님 가정을 위해서 기도합니다. 가정마다 주님의 평강이 함께 하여 주시옵소서. 주님의 사랑으로

모든 가정을 인쳐 주시옵고, 세상의 환란, 시험, 마귀의 유혹을 이기며
주님께 영광 돌리는 귀한 자녀들이 되게 하여 주시옵소서.

아버지 하나님, 직장과 일터와 사업들 가운데도 함께 하여 주시옵소서.
믿지 않는 사람들보다 더 열심히 성실히 부지런히 최선을 다해 살게 하
여 주시고, 삶에 필요한 지혜와 명철을 저희에게 허락하여 주시옵소서.
그래서 어디서든지 없어서는 안 되는 꼭 필요한 일꾼으로 귀하게 쓰임
받는 주님의 자녀가 되게 하여 주시옵소서.

질병의 고통 속에 있는 성도들을 불쌍히 여겨 주시옵소서. 권능의 손길
로 저들의 아프고 상한 부분을 만져 주시어, 믿음으로 다시 일어날 수
있도록 도와주시옵소서. 이 모든 말씀 예수님 이름 받들어 간절히 기도
합니다. 아멘.

사도 바울의 감사 제목

사도 바울의 감사 제목

|

본문: 고린도후서 9장 8-15절
설교일: 2017년 11월 19일 주일
추수 감사 주일 설교

'금수도 은혜를 안다'는 말이 있습니다. 여기서 '금'(禽)은 하늘을 나는 새를 뜻하고 '수'(獸)는 땅에 사는 짐승을 의미합니다. 그러니까 '하늘의 새도 땅의 짐승도 은혜를 잊지 않는다.'라는 뜻입니다. 일본에서 너구리 한 마리가 민가로 내려왔다고 합니다. 먹이를 구할 수 없어서 마을로 내려왔을 것으로 생각한 한 사람이 사료를 사다가 그 너구리를 먹였다고 합니다. 며칠 후에 그 사람의 집에 생밤 몇 톨이 놓여 있었다고 합니다. 너구리가 자기에게 먹이를 준 사람이 고마워서 갖다 준 답례물이라고 합니다. 말하지 못하는 짐승이지만 자기에게 베푼 친절과 도움을 잊지 않고 '내가 저 사람에게 갚을 게 뭐가 있을까?' 생각한 겁니다. 너구리가 돈은 없잖아요. 그래서 밤을 몇 톨 가져다가 그 집에 남겨 놓았다는 거죠.

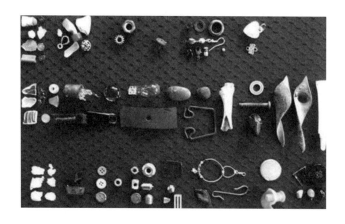

여러분, 사진을 한번 보시죠. 여기 이 사진은 미국 시애틀에 사는 8살짜리 소녀가 친구로부터 받은 선물들입니다. 소녀가 선물들을 모아 놓은 건대요, 선물들이 참 특이합니다. 사진을 보면 서류 핀도 있고, 단추들도 있고, 병뚜껑도 있고, 유리구슬과 열쇠고리, 나사, 귀고리, 예쁜 모래사장에 있는 돌멩이, 마모된 뼛조각 등 다양한 것들이 있습니다.

이 아이의 친구가 누구길래 이런 선물을 했을까요? 아이의 친구는 바로 까마귀입니다. 몇 년 전부터 아이가 뭘 먹고 있으면 까마귀 몇 마리가 항상 아이 곁에 와서 졸졸 따라다녔다고 합니다. 아이는 처음에는 자기가 먹던 빵 조각을 나눠서 그 까마귀들에게 주었습니다. 그러다가 2년 전부터는 정기적으로 모이를 사서 까마귀들을 먹였다고 합니다. 그런데 어느 날부터 까마귀들이 모이를 먹고 난 다음에는 뭔가 입에 하나씩 물고 와서 모이통에 넣고 간다는 거예요. 그 물건이 바로 이 사진에 나온 것들입니다. 이뿐 아닙니다. 하루는 까마귀들이 카메라 렌즈 보호 뚜껑을 물고 집에 왔습니다. 그런데 카메라 렌즈 뚜껑은 그 아이의 어머니가 잃어버린 물건이었습니다. 아이의 어머니가 잃어버린 물건을 까마귀들이 찾아서 물어다 준 것입니다.

한번은 까마귀가 글씨가 새겨진 작은 조각 하나를 놓고 갔는데 그 조각에 새겨진 단어는 영어로 '베스트'(최고)라는 단어였습니다. "너는 나의 '베스트 프랜드'(최고의 친구)야!" 소녀는 '베스트'라고 새겨진 조각을 보고 놀랐다는 거예요. "까마귀들이 나를 좋은 친구로 알고서 저렇게 글씨가 새겨진 조각을 물고 왔나 보다." 라고 소녀는 생각했다고 합니다. 이런 이야기를 들으면 짐승들이 때로는 사람보다 낫다는 생각을 하게 됩니다. 짐승들도 사랑과 정을 교감하고 있습니다. 은혜를 알고 은혜를 갚고자 하는 마음이 금수에게도 남아 있습니다. 그런데 사람이 사는 세상에서는 이런 마음들이 사라져 가는 것 같아 안타깝습니다.

1. 추수 감사 주일의 유래

오늘은 추수 감사 주일입니다. 한 해 동안 우리의 삶을 지켜 주시고 필요한 것들을 공급해 주신 하나님의 은혜와 사랑을 기억하고 감사로 예배하는 날이 추수 감사 주일입니다. 추수 감사 주일은 미국에서부터 온 전통입니다. 추수감사절을 전국적인 공휴일로 선포한 사람은 미국의 유명한 링컨 대통령입니다. 링컨 대통령은 11월 마지막 주 목요일을 미국의 추수감사절 공휴일로 정하고 온 국민이 하나님께 감사하도록 했습니다. 놀라운 사실은 링컨 대통령이 추수감사절을 국가 공휴일로 선포할 당시 미국은 남북전쟁이 한창 진행 중이었다는 것입니다. 남북전쟁은 미국 역사에 가장 비극적이고 가장 많은 사람이 죽은 전쟁입니다. 그런데 남북전쟁의 와중에도 추수감사절을 정해서 하나님의 은혜를 잊지 않고자 했던 것입니다. 그런 마음은 하나님에 대한 감사의 마음이 없으면 이루어질 수 없습니다. 전쟁과 환란, 고난 중에 있더라도 하나님의 은혜는 잊지 말고 기억해야 합니다. 이것이 추수감사절을 통해 믿음의 조상들이 우리에게 물려준 교훈입니다.

2. 절대 감사

우리가 11월 한 달 동안 주일 예배 때마다 하박국의 감사 찬양을 부르고 있습니다. 하박국 선지자 시대도 전쟁의 위기가 몰려오는 급박한 시대였습니다. 하박국 선지자는 강하고 잔인한 바벨론 군대가 쳐들어와서 하나님의 백성들을 심판할 것이라는 예언의 말씀을 듣고는 창자가 흔들리고 몸이 떨렸다고 합니다. 침략자들이 와서 외양간의 가축들, 들판의 곡식들 그리고 나무 열매 하나도 남지 않고 다 빼앗을 거라는 예언의 말씀을 들었습니다. 이러한 상황 속에서 무슨 감사가 나오겠습니까! 하지만 이 상황 속에서도 하박국 선지자는 구원의 하나님으로 인하여 감사하고, 그 하나님으로 인하여 기뻐하겠다고 고백하고 있습니다. 그 노래가 하박국의 감사 찬양입니다.

여러분, 이런 감사는 어떤 감사일까요? '절대 감사'입니다. 조건과 환경을 뛰어넘어 오직 하나님으로 인하여, 하나님의 구원과 은혜로 인하여 감사하는 것이 '절대 감사'입니다. 하나님이 나에게 많은 것을 주시고 채워 주셨기 때문에 감사하는 것이 아닙니다. 남편이 잘될 때만 감사하고, 자식들이 잘될 때만 감사하고, 사업이 잘되고 직장이 잘 나갈 때만 감사한다면, 누가 감사를 하지 못하겠습니까? 이것은 본전 감사에 지나지 않습니다. 이 감사가 하나님을 감동하게 할 수 있겠습니까? 그러나 전쟁과 환란, 아픔과 고난 중에라도 감사한다면, 이것이야말로 감사로 제사 드리는 것입니다.

시편 50편 23절 말씀에 "감사로 제사를 드리는 자가 나를 영화롭게 하나니"라고 하였습니다. 그렇습니다. 우리의 예배는 감사의 현장이 되어야 합니다. 감사함이 없이 입술로만 기도하고 입술로만 찬양한다면 그것은 습관적인 예배에 지나지 않습니다. 감사로 예배하는 곳에 하나님의 영광이 있습니다. 감사 없이 드리는 예물은 하나님께 식은 밥을 대접하는 것과 같습니다. 비록 작은 예물일지라도 그 가운데 감사의 마음이 들어있을 때 하나님이 받으실 향기로운 제물이 될 줄 믿습니다.

병원에서 환자를 돌보는 간호사와 의사들이 하는 말이 있습니다. 의사와 간호사들이 와서 진료하면 "감사합니다. 고맙습니다"라고 인사하는 환자나 보호자들이 있는가 하면, 왜 이렇게 아프냐고, 왜 이렇게 낫지 않느냐고 원망하고 비난하는 환자와 가족도 있다고 합니다. 그런데 "감사합니다. 고맙습니다"라고 말하는 환자들이 일찍 퇴원한다는 거예요. 감사하는 사람의 몸에서는 건강에 좋은 호르몬이 많이 생긴답니다. 그래서 저항력도 생기고 약효도 좋아진다고 합니다. 본인이 아니고 가족들이 감사의 말을 할지라도 그 말이 환자에게 전해지는 거죠. 그래서 빨리 회복되고 퇴원도 빨리하게 됩니다. 감사는 이처럼 귀한 것입니다. 웃을 일이 있어서 웃는 것이 아니라, 억지로라도 웃다 보면 웃을 일이 생긴다고 하지 않습니까? 감사도 마찬가지입니다. 감사할 일이 있어서만 감사하는 것이 아니라, 감사하다 보면 감사할 일이 생깁니다. 크게 감사하면 크게 감사할 일이 생깁니다. 그래서 감사를 생활화하는 것이 중요합니다.

3. 감사의 생활화

1) 긍정적이어야 합니다

그럼 어떻게 우리가 감사를 생활화할 수 있을까요? 첫째로 부정적인 사람은 감사를 생활화할 수 없습니다. 긍정적인 사람이 되시기를 바랍니다. 여러분, 자기 자신에 대해서 부정적인 사람이 어떻게 나에게 감사할 수 있겠습니까? 가정에 대해서 부정적인 사람이 가족에게 감사할 수 있겠습니까? 교회에 대해서 부정적인 사람이 어떻게 교회에 감사할 수 있겠습니까? 그럴 수 없습니다. 긍정적이라야 감사가 나오는 것입니다. 사람이 색안경을 쓰면은 어떻게 됩니까? 세상은 그 사람이 쓴 색안경대로 보이는 거 아니겠습니까? 마음의 색안경이 부정적이면 말도 부정적이고 행동도 부정적이고 생각도 부정적으로 됩니다. 그러나 마음의 색안경이 긍정적이면 말도 행동도 긍정적으로 됩니다. 긍정적인 사람이 되어야 감사를 생활화 할 수 있습니다.

여러분의 삶에 좋은 일만 있었겠습니까? 어려운 일도 있었겠지요. 모든 것이 다 좋아서 감사하는 사람이 몇이나 되겠습니까? 때로 힘들고 어려운 순간이 많았을지라도 그것을 긍정적인 마음으로 변화시켜 생각하니 감사할 수 있는 것입니다. 부정적으로만 생각하면 어떻게 감사할 수 있겠습니까? 컵에 물이 절반 채워졌을 때 "아, 반밖에 없네!" 이렇게 말하는 사람도 있고, "어머, 반이나 있네!"라고 하는 사람도 있습니다. 어느 것이 긍정적인 사람입니까? 어느 것이 멋있는 사람입니까? "아직도 반이나 있구나." 이렇게 말할 수 있는 사람이 감사도 할 수 있는 것입니다. 그러므로 항상 긍정적인 사람이 되시기를 축원합니다.

2) 나누어야 합니다

둘째로 인색한 사람은 감사할 수가 없습니다. 인색한 사람은 주지도 않고 받지도 않으려고 합니다. 이러한 사람에게는 감사한 일이 생기기 어렵습니다. 성경은 "주는 자가 받는 자보다 복이 있다"라고 하였습니다. "흩어 구제하여도 더욱 부하게 되는 일이 있나니 과도히 아껴도 가난하게 될 뿐이니라"(잠 11:24). 이렇게 잠언은 말씀하고 있습니다. 오늘 본문 9절 말씀에도 보면 "그가 흩어 가난한 자들에게 주었으니 그의 의가 영원토록 있으리라"라고 말씀하고 있습니다. 흩어 구제하고 나누어 주니 영원토록 그 축복이 남는다는 것이죠.

감사는 바로 여유에서 나오는 것입니다. 비록 넉넉하지 못한 형편이지만, 나누면서 살고자 하는 사람들을 주변에서 많이 볼 수 있습니다. 그런 사람들을 만나면 반갑고 "나도 언젠가 이 사람에게 신세를 갚아야지." 하는 마음을 갖게 됩니다. 그와 반대로 "저 사람은 좀 나눠 주어도 될 텐데." 하는 사람이 나눌 줄 모르는 것도 보게 됩니다. 그런 사람은 많이 가졌으면서도 삶의 여유를 누리지 못하는 것처럼 보입니다.

우리 교회 권사님 중에 한평생 자기의 모든 것을 바쳐서 하나님이 주신 사명에 헌신한 분이 계십니다. 의사로서 정말 세상에서 남부럽지 않게 살 수 있는데도 돈을 벌면 버는 대로 선교와 봉사를 위해서 아낌없이 헌신했습니다. 이분에게 언니가 있는데 정말 부자라고 합니다. 요새 조물주보다 더 센 사람이 있다고 하는데 누군지 아십니까? 건물주라고 하잖아요. 언니는 건물도 여러 채 가진 진짜로 힘센 건물주였습니다. 그래서 언니는 동생 권사님만 보면 "너는 왜 그렇게 가난하게 사냐, 너도 돈 좀 모아라."라고 하면서 만날 때마다 비난하고 비웃었답니다. 언니의 말을 들은 권사님은 "언니, 나는 하늘 창고의 보물을 쌓고 있어."라고 대답했답니다. 세월이 흘러서 언니가 85살이 되었습니다. 그렇게 돈 많은 것을 자랑하고 동생을 어리석게 보던 언니가 이제는 동생 권사님을 만나면 말이 달라진다고 합니다. "네가 나보다 더 잘 산 것 같아." 언니가 동생을 향하여 축복의 말을 한다는 것입니다. 무엇이 잘산 것인지 늦게나마 깨달은 것이지요.

돈 잘 버는 자가 부자가 아닙니다. 돈 잘 쓰는 자가 부자입니다. 적으면 적은 대로, 많으면 많은 대로, 하나님이 주신 것을 가치 있게 쓰시기 바랍니다. 그런 사람이 감사도 할 수 있습니다. 감사는 안으로 집어넣는 것이 아닙니다. 감사는 밖으로 나오는 것이라고 했습니다. 감사는 내가 가진 좋은 것을 밖으로 내보내는 것입니다. 흘려보내면 하나님이 다시 그곳에 채워 주십니다. 갈릴리 바다는 항상 물을 흘려보내기 때문에 수많은 물고기가 살고 있습니다. 그러나 사해는 물을 받을 줄만 알지 흘려보낼 줄 몰라 송사리 새끼 한 마리 살 수 없는 죽음의 바다가 되어 버렸습니다.

하나님이 우리에게 주신 것은 물질만이 아니잖아요. 우리에게 시간도 주셨고, 재능도 주셨고, 건강도 주셨습니다. 또한 은사도 주셨습니다. 하나님이 우리에게 주신 것은 참으로 많습니다. 그것이 무엇이든지 간에 직분이 될 수도 있고, 사명이 될 수도 있습니다. 이것을 흘려보내고, 나르고 퍼내시기를 바랍니다. 그러면 우리의 삶에 감사의 제목들이 차고 넘칠 것입니다.

3) 알곡이 되어야 합니다

세 번째로 우리가 감사를 생활화하기 위해서는 알곡이 되어야 합니다. 여러분, 쭉정이가 되고 가라지가 되면 감사하고 싶어도 감사할 수가 없습니다. 농부가 밭에 씨를 뿌립니다. 밭에 가보니 알곡이 풍성하게 결실했어요. 농부의 입에서 감사가 저절로 나옵니다. "알곡이 되어 감사합니다!" 그리고 알곡들을 모아서 창고에 두고 살아가게 됩니다. 그런데 밭에 알곡은 하나도 없고 전부 쭉정이와 가라지라면 농부가 감사할 수 있겠습니까? 감사할 수 없습니다.

그러므로 우리의 인생은 알곡이 되어야 합니다. 세상에서는 알곡을 창고에 모아두지만, 천국에서는 알곡을 천국 창고에 모아둡니다. 우리의 알곡을 천국 창고에 모을 때, 최종적으로 감사할 수 있게 됩니다. 천국 창고에 우리의 알곡을 모으려면 어떻게 해야 합니까? 우리는 구원받은 백성이 되어야 합니다. 구원받은 백성이 되어야 천국 창고에 알곡이 있게 됩니다. 세상에 소망을 두고 세상 것만 붙잡고 살면, 천국 창고에 알곡이 될 수 없습니다. 가라지가 되어서 불태워 버린다고 하였습니다.

우리가 구원받은 백성이 되려면 어떻게 해야 합니까? 세 가지가 중요합니다. 첫째는 예수 그리스도를 구주로 고백하는 것입니다. 할렐루야! 예수 그리스도를 구주로 고백하여서 천국을 얻는 성도님들이 되시길 바랍니다. 둘째는 믿음대로 살고, 말씀대로 사는 것입니다. 세상의 방법과 세상의 이치대로 사는 것이 아니라, 믿음대로 살고 하나님의 말씀대로 사는 것입니다. 그래야 우리는 천국의 알곡이 될 수 있습니다. 셋째는 하나님이 내게 주신 사명을 잘 감당해야 천국의 알곡이 될 수 있습니다. 우리 그리스도인들은 세상에서 하나님이 부르신 소명이 있습니다. 그것이 교회의 직분이 되었든, 교회의 사명이 되었든, 가정에서 주부가 되었든, 직장에서 일꾼이 되었든, 공부하는 학

생이 되었든, 무엇이 되었든지 간에 하나님이 주신 사명을 최선을 다
해서 감당하시기 바랍니다. 그런 사람이 천국의 알곡이 되는 것입니
다. 우리의 인생이 알곡이 되어야 우리는 하나님 앞에 감사할 수 있습
니다.

4. 나누고 베풀고 감사하는 사람

사랑하는 성도 여러분, 우리가 가진 모든 것에는 유통기한이 있습
니다. 우리 인생의 모든 유통기한은 바로 죽음입니다. 죽음이 오면 우
리는 모든 것을 내려놓아야 합니다. 할 수 없이 포기하는 사람은 억
울하겠죠. 그러나 자원해서 나누고 베푸는 사람은 행복할 것입니다.
우리가 나눌 수 있는 것은 물질만이 아닙니다. 성도들은 서로 기도를
나눌 수 있습니다. 기도의 나눔이야말로 성도가 하나님에게 주신 가
장 좋은 것을 나누는 것입니다. 하나님의 말씀을 서로 나눌 수도 있
습니다. 주님의 말씀으로 서로 격려하고 사랑하고 축복하면 얼마나
좋습니까?

사업 부도가 난 성도님이 했던 말이 저의 마음을 아프게 했습니다.
사업 부도난 것이 힘들어서 교회 못 나오는 게 아니라, 교회에 나오니
말들이 너무 많아서 교회에 나오기 어렵다는 것입니다. "저 사람은 이
랬다더라 저랬다더라"라고 하며 수군거린다는 겁니다. 우리가 잠잠
히 그를 위하여 기도하고 주님의 말씀으로 위로와 격려를 한다면. 아

무리 힘들어도 교회에 나올 것입니다. 그렇지 못하기 때문에 발걸음이 무거운 것입니다. 그러므로 우리는 하나님이 주신 좋은 것들을 함께 나누고, 그것으로 인하여 감사기도가 풍성해지는 저와 여러분이 되어야 할 줄 믿습니다.

오늘 15절에 보니까 "말할 수 없는 그의 은사로 말미암아 하나님께 감사하노라"라고 말씀하고 있습니다. 이것은 사도 바울의 감사 제목인데, 바울이 왜 말할 수 없는 그분의 은사로 감사한다고 했을까요? 우리가 읽은 이 서신은 고린도 교회에 보내는 사도 바울의 편지입니다. 예루살렘에 큰 흉년이 들었습니다. 그래서 예루살렘 교회 성도들이 많은 어려움을 겪게 되었습니다. 이 사실을 알고 저 멀리 유럽 땅에 있는 마게도냐 교회와 아가야 교회가 "아, 우리의 모(母) 교회를 돕자!"라고 하면서 예루살렘 교회를 위하여 헌금하기 시작했습니다. 이 일에 고린도 교회 성도들이 제일 앞장섰습니다. 사도 바울은 그것이 너무나 고마워서 다른 교회들에게 자랑을 했습니다. "저 아가야 지방에 있는 고린도 교회는 어렵고 힘든 중에도 우리 예루살렘 교회 성도들을 위하여 이렇게 수고하고 있습니다." 그래서 기쁨이 있는 것이고 감사가 있는 것입니다. 이 때문에 바울은 고린도 교회 성도들을 축복합니다. 고린도 교회 성도들이 헌금을 모아서 예루살렘 교회에 보내면 예루살렘 교회가 그 헌금을 받고 어떻게 하겠습니까? 감사하잖아요. "하나님, 우리가 힘들고 어려울 때 형제 교회들이 우리를 도와서 감사합니다." 이 귀한 일들로 말미암아 예루살렘 교회에 감사가 넘치게 한다는 것입니다.

그럼 예루살렘 교회는 감사만 하고 말겠습니까? 그렇지 않습니다. 받았으니 갚아야 하지요. 물질로 갚을 수는 없고 하나님 앞에 고린도 교회를 향하여 축복의 기도를 올립니다. "하나님, 고린도 교회 성도들을 축복하여 주시옵소서. 어려울 때 힘이 되고 도와주었던 손길들을 하나님이 갚아 주시옵소서." 예루살렘 교회 성도들은 기도로 성도들을 축복하며 갚는 것입니다. 그러면 고린도 교회 성도들이 복을 받는 것 아니겠습니까? 고린도 교회 성도들이 한 선한 일들이 하나님 앞에 올라가는 것 아니겠습니까? 하나님께는 영광이 되고 고린도 교회에는 기쁨이 되고 축복이 되는 것입니다. 그래서 받는 교회도 주는 교회도 모두 감사가 넘치게 됩니다. 이렇게 감사가 넘치니까 사도 바울이 말한 것처럼 "말할 수 없는 은혜로 인하여 하나님께 감사"하게 됩니다. 여러분, 서로 나누고 베풀고 감사하고 은혜 가운데 사니, 더 이상 바랄 게 무엇이 있겠습니까? 말할 수 없는 은혜로 하나님께 감사할 따름입니다. 이것이 사도 바울의 고백이고 축복입니다.

하나님의 영광은 그 가운데 나타나는 것입니다. "감사로 제사를 드리는 자가 나를 영화롭게 하나니 주께 감사하는 자에게 나의 구원을 보이리로다." 그렇습니다. 사랑하는 성도 여러분, 세상은 점점 냉랭하고 차가워지고 있습니다. 하나님의 은혜와 사랑을 기억하고 감사하는 시대가 이제는 지났습니다. "하나님이 어디에 있는가?" 이렇게 하나님 앞에 망령되이 일컫는 사람들이 많은 시대입니다. 이런 시대를 사는 사람들에게 추수 감사 주일에 교회 나와서 하나님 앞에 감사하는 사람들이 이해가 되겠습니까? "뭐가 감사해서 그렇지?"라고 하면서 되물을 것입니다. 그렇지만 금수도 너구리도 까마귀도 자기에게 은혜 베푼 사람을 기억하는데, 우리가 살아가면서 보이게 보이지 않게 베풀어 준 하나님의 은혜와 사랑에 감사해야 하지 않겠습니까? 감사가 메마르게 될 때 세상도 메마르게 되는 것입니다.

하나님 앞에 감사의 마음을 가지고 서로 섬기고 사랑하며 긍정적인 마음으로 살면서 감사를 생활화하는 영은 가족이 되시길 주님의 이름으로 축원합니다.

사랑이 많으신 하나님, 감사드립니다. 오늘 추수 감사 주일을 맞이하여 우리는 알지도 못하고 생각지도 못하지만, 하나님께서 베풀어주신 수많은 감사가 있었음을 다시 한번 기억하며 감사의 예배를 드리게 하시니 감사합니다. 하나님 아버지, 감사가 메말라지고 세상이 냉랭하고 차가워지고 있습니다. 하나님에 대한 감사를 잊어버리며 살아가는 세상이 되고 있습니다. 이럴 때일수록 저희는 더욱더 하나님 앞에 감사함으로 나가게 하여 주시옵소서. "감사로 제사를 드리는 자가 여호와를 영화롭게 한다"고 하였습니다. 하나님, 우리가 주님 앞에 나와 예배하고 찬양하고 기도하고 헌금할 때에 그 가운데 감사가 넘치도록 도와주시옵소서.

사랑이 많으신 하나님, 우리가 오늘도 살아서 주 앞에 예배드릴 수 있음은 하나님의 놀라운 은총의 선물입니다. 이 시간 겸손히 기도드리니 언제나 주님과 동행하는 감사의 삶이 되도록 이끌어 주시옵소서. 우리 모든 성도 가정마다 감사의 제목들이 충만하도록 도와주시옵소서. 그래서 주님 앞에 늘 찬양하며 감사하며 살아갈 수 있도록 은혜 위에 은혜를 더하여 주시옵소서. 열심히 땀 흘려 노력하며 살아가는 성도들 일터마다 그 수고가 헛되지 않도록 도와주시고, 알곡으로 결실하게 도와주시옵소서. 우리의 인생이 끝나는 날 농부 대신 하나님의 손에 알곡으로 타작 되어 천국 창고에 다 모이게 하여 주시옵소서.

사랑이 많으신 하나님, 수능시험이 일주일 연기되었습니다. 우리의 자녀들이 혼란스러운 시대에 마음이 답답하고 두렵겠지만, 연기된 일주일이 모든 수험생에게는 축복의 시간이 되게 하시고, 합력하여 선을 이룰 수 있도록 도와주시옵소서.

아버지 하나님, 추수 감사 주일이 되어 주 앞에 나와 감사 찬양하고 싶지만 여러 가지 육신의 질병과 마음의 불편함으로 나오지 못하는 성도들도 있습니다. 하나님께서 그들과 함께 해주시옵소서. 치유의 은혜로 함께 하셔서 건강하게 하시고, 주님 앞에 나와 예배할 수 있도록 은혜 베풀어주시옵소서. 예수님 이름 받들어 간절히 기도합니다. 아멘.

삶의 부활, 사명의 부활

삶의 부활, 사명의 부활

본문: 요한복음 21장 7-19절
설교일: 2018년 4월 15일 주일

한 마리의 개가 두 남자를 뒤따라가고 있었습니다. 얼마 후에 갈림길이 나타났습니다. 두 남자는 서로 다른 길을 걸어갔습니다. 뒤따르던 개가 잠시 멈칫하더니 한 남자의 뒤를 따라갔습니다. 여기서 퀴즈를 하나 드리겠습니다. 이 개의 주인은 누구일까요? 개가 뒤따라간 사람이 개의 주인이겠죠. 이 개는 두 사람을 따라가는 것 같았지만 결정적인 순간에는 주인을 선택했습니다. 이것이 바로 개의 충성입니다. 사람보다 낫죠? 사람은 결정적인 순간에 배반할 수도 있지만, 개는 결정적인 순간에 주인을 따라갑니다.

믿음의 사람들은 세상과 주님이라는 갈림길에서 어떤 것을 선택해야 하겠습니까? 그가 진정 주님을 삶의 주인으로 삼고 있다면 믿는 대로 기도하는 대로 살고 있다면, 주님을 따라가야 할 줄 믿습니다. 주님을 선택한다는 것은 주님을 사랑하는 것입니다. 또 주님을 의지하는 것이고 주님께 자신을 맡기는 것입니다. 주님과 동행하는 것입니다. 사랑의 관계가 깊을수록 선택은 더 분명해집니다.

1. 베드로를 찾아오신 부활의 주님

오늘 본문 말씀은 부활하신 예수님께서 세 번째로 제자들을 만났을 때 있었던 이야기입니다. 베드로와 제자들이 디베랴 호숫가에서 고기잡이하고 있을 때 부활하신 주님께서 찾아오셨습니다. 디베랴 호수는 갈릴리 바다라고도 불리는 곳입니다. 예수님께서 처음으로 제자들을 불렀던 장소도 이 호수였죠. 이곳에서 베드로와 요한, 그 형제들을 만났습니다. 베드로의 형제와 요한의 형제가 고기잡이하고 있을 때 주님이 찾아오셨습니다. 마태복음 4장 18절 이하에 보면 베드로와 그의 형제 안드레가 고기를 잡기 위해서 그물을 던지고 있을 때 "나를 따라오라 내가 너희를 사람 낚는 어부가 되게 할 것이라"라고 말씀하셨습니다. 이 말씀에 순종하여 베드로의 형제는 예수님을 따르는 제자가 됐습니다. 베드로와 예수님과의 첫 만남의 장소가 디베랴 호숫가였습니다. 부활하신 예수님이 지상에서 마지막으로 베드로를 만난 것도 역시 이곳입니다. 알파와 오메가 되신 예수님은 베드로의 처음과 마지막을 이곳에서 만났던 것입니다. 왜 그랬을까요?

예수님이 부활하실 당시 베드로는 주님을 모른다고 세 번이나 부인했기에 마음속에 큰 죄책감에 사로잡혀 있었습니다. "오늘 밤 네가 닭 울기 전에 세 번 나를 모른다고 부인할 것이라." 주님이 말씀하셨을 때 베드로는 호언장담하면서 주님 앞에서 이렇게 얘기했습니다.

"다른 사람들이 다 주를 버릴지라도 저만은 절대 그렇게 하지 않을 것입니다." 그렇게 말했던 베드로였습니다. 그런데 결과는 어떻게 되었습니까? 주님께서 말씀하신 그대로 베드로는 연약한 여종들 앞에서조차 두려워 떨면서 주님을 모른다고 부인했습니다. 자기의 초라한 모습을 보면서 베드로는 얼마나 부끄러워했겠습니까? 부활하신 주님을 만나고 보니 기쁘고 반갑기 한량없었지만, 주님 앞에 자신은 실패한 사람이었습니다. 다시 주님 앞에 나설 체면과 양심과 용기가 없었습니다. 그래서 베드로는 낙심한 나머지 고향으로 돌아와서 그물을 던지고 있었습니다. 그때 주님께서 베드로를 찾아가셨던 것입니다.

베드로를 찾아간 주님은 어떤 분입니까? 실패한 사람들, 낙심한 사람들, 넘어진 사람들을 찾아와 주시는 분이셨습니다. 안타깝게도 전직 대통령 두 분이 구속되었습니다. 장로라는 대통령은 한때 그의 측근이었던 사람들의 양심선언으로 범죄혐의가 더 드러나고 있습니다. 왜 측근들은 자신의 주군을 지켜 주지는 못할망정 양심선언을 하는 것일까요? 그 사람들의 증언에 의하면, 대통령은 자기 밑에 있는 사람들을 귀히 여길 줄 몰랐다는 것입니다. 단지 자신의 성공과 야망을 위한 수단으로 대했을 뿐이지 아래 사람들의 어려움과 고충을 이해하고 도와주려는 인간성이 없었다는 것입니다. 윗사람이 이렇게 아랫사람들을 대하니 아랫사람들도 당연히 윗사람에게 똑같이 갚았던 것이죠. 권력 있고 힘 있을 때는 숨죽이고 조용했지만, 힘이 빠진 이상 주군에게 동정하거나 충성을 베풀 이유가 없었던 것입니다.

그러나 예수님은 그렇게 하지 않았습니다. 베드로의 인생에 있어서 가장 위로와 용기가 필요했던 시점이 바로 이때였습니다. 주님은 그 것을 아시고 베드로를 찾아 주신 것입니다. 우리가 은혜롭게 부르는 찬양 중에 이런 찬양이 있습니다.

"약할 때 강함 되시네
나의 보배가 되신 주
주 나의 모든 것
쓰러진 나를 세우고
나의 빈잔을 채우네
주 나의 모든 것"

그렇습니다. 우리의 인생이 약하여 쓰러질 때 찾아오셔서 강함을 주시고 쓰러지고 넘어질 때 우리의 손을 붙잡아 주시는 분이 예수님이 라는 것을 믿으시기 바랍니다.

에릭슨이라는 심리학자가 있습니다. 이분은 인간의 자아 발달 단 계를 연구한 것으로 유명합니다. 인간관계와 종교 발달 사이에는 깊 은 관계가 있다는 것도 연구했습니다. 사람이 태어나서 다른 사람들 과 첫 관계를 맺는 영아기 때의 인간관계 경험이 그 사람의 신앙생활 에 큰 영향을 미친다는 것입니다. 좋은 인간관계 혹은 따뜻한 인간관 계를 경험한 아이는 하나님도 좋으신 하나님으로 인식하게 된다는 것 입니다. 그래서 가정에서 부모나 가족들과의 관계가 중요하고 교회에서도 교인들과의 관계가 자라나는 다음 세대들의 신앙에 큰 영향을 미친다고 합니다. 그런데 아이들만이 아니라는 것이죠. 어른들도 마찬가지입니다. 하나님을 '좋으신 하나님'으로 믿고 고백하는 사람은 인생의 시련과 풍파가 닥쳐와도 신앙으로 이겨 나갈 수 있습니다. 사람들은 나를 버리고 나를 떠날지라도 예수님 한 분은 언제까지나 나와 함께 하시고 나를 지켜 주시는 분이라는 사실을 믿을 때, 그 사람은 고난 중에서도 감사와 찬송을 올려 드릴 수 있으며 믿음 안에서 승리할 수 있다는 것입니다.

하나님을 좋으신 하나님, 예수님을 좋으신 하나님 그리고 은혜 주시고 복 주시는 하나님으로 믿으시기 바랍니다. 그런 믿음이 있는 사람은 굳건한 신앙을 가지고 환란과 시련 속에서도 일어설 수 있습니다.

2. 베드로의 부활

베드로는 그런 주님을 만났습니다. 우리 같으면 어땠을까요? 베드로를 비난하고 정죄하기에 바빴을 것입니다. 그러나 주님은 베드로를 정죄하기 위해서 찾아오지 않으셨습니다. 그를 죄책감에서 회복시켜 주시고 사도로서의 사명을 회복시켜 주시기 위해서 찾아오셨습니다. 간음하다 현장에서 잡힌 여인을 사람들은 돌로 쳐 죽이려 했습니다. 그러나 주님은 그 여인에게 한마디 비난도 하지 않았습니다. "나도 너를 정죄하지 않으니 가서 다시는 죄를 범하지 말라." 이 말씀만

하셨습니다.

초대 문화부 장관을 지낸 이어령 박사님의 딸인 고(故) 이민화 목사님은 자신의 책에서 사랑을 이렇게 정의했습니다. "사랑은 부수는 것이 아니라 녹이는 것입니다." 무신론자였던 아버지 이어령 박사는 자신의 딸이 눈이 병들어서 점점 앞을 볼 수 없게 되자 하나님께 기도합니다. "하나님, 우리 딸의 눈을 고쳐주세요. 딸의 눈이 낫기만 하면 하나님께로 돌아가겠습니다." 딸을 향한 아버지의 사랑이 완고한 무신론자 아버지의 마음을 녹여 버린 것입니다. 그 후에 이민화 목사님은 기적같이 눈이 나았고, 이어령 박사님은 약속대로 주님께로 돌아와 하용조 목사님께 세례를 받았습니다.

주님의 사랑은 부끄러움과 수치심으로 떨고 있던 베드로를 회복시켜 주셨습니다. 그 두려움을 사랑으로 녹여 주셨습니다. 주님은 조반을 먹은 후에 베드로와 대화를 하십니다. "베드로야, 네가 다른 사람들보다 나를 더 사랑하느냐?" 베드로가 뭐라고 대답할 수 있겠습니까? 불과 며칠 전에 호언장담했다가 무참하게 무너진 자신입니다. 하지만 실패는 했어도 베드로의 마음속에는 주님을 사랑하는 마음만은 변함이 없었습니다. 그래서 차마 당당히 입으로 말할 수는 없었고, "주님, 제가 주님을 사랑하는 줄 주께서 아시나이다." 이렇게 말했습니다. 주님은 베드로의 말을 의심하지 않았습니다. "정말이야? 이번에는 진짜지? 믿어도 되나?" 이렇게 의심하거나 따지지 않았습니다. 그냥 믿어 주셨습니다. 그리고 "내 어린 양을 먹이라" 하면서 다시금 사도의 자리로 돌아온 것을 지지해 주셨습니다.

두 번째, 세 번째 대화와 질문도 마찬가지입니다. 표현이 조금 다를 뿐이지 메시지는 같습니다. 예수님을 모른다고 세 번 부인한 베드로에게 세 번이나 그의 마음을 확인시켜 주는 것으로 베드로의 삶을 다시 일으켜 주셨습니다. 이 순간 베드로는 다시 태어난 사람이 되었습니다. 죽었다가 다시 살아난 것입니다. 예수님만 부활하신 것이 아니라, 베드로의 인생도 부활했습니다. 만일 베드로가 부활하신 예수님과 만나지 않았다면 베드로는 영영 사도의 자리로 되돌아올 수 없었을 것입니다.

베드로나 가룟 유다나 다를 게 무엇이겠습니까? 한 사람은 자기 스승을 은 30에 팔아버렸고, 한 사람은 자기 스승을 모른다고 세 번이나 부인했습니다. 베드로나 유다나 도긴개긴이죠. 그런데 베드로는 예수님으로 인해서 다시 인생이 부활했습니다. 가룟 유다는 주님을 만나지 못했습니다. 왜입니까? 스스로 절망한 나머지 목숨을 끊어 버렸기 때문입니다. 부활의 주님을 만난 것과 만나지 못한 것은 엄청난 차이가 있습니다. 가룟 유다도 3일만 더 참고 눈물로 회개하며 기다렸다면, 베드로와 같이 주님의 사랑으로 회복되고 사도의 영광을 이어갈 수 있었을 것입니다. 그러나 그는 부활의 주님을 만나지 못했기에 비참한 인생이 되고 말았습니다. 그러므로 우리는 부활의 주님을 믿을 뿐만 아니라, 그 주님을 만나야만 합니다. 주님을 만날 때 나의 인생도 베드로처럼 부활하게 됩니다.

요새 강남에서 목회하시는 조정민 목사님이 많이 알려져 있죠? 그분은 MBC 보도국 기자로 입사해서 우리 교회 황상무 안수집사님께서 KBS 9시 뉴스 앵커를 하시듯, MBC 뉴스 데스크를 진행하는 앵커까지 하신 분입니다. 이분은 원래 불교 신자였습니다. 어머니 손 잡고 절에 다니던 사람이었습니다. 그런데 신실한 크리스천 부인을 만나서 결혼을 했습니다. 주일이 되면 아내는 교회로 가고 자기는 골프장으로 갔습니다. 어느 주일 골프장으로 갔는데 그날은 마침 골프장이 휴일이었습니다. 문 닫은 골프 연습장을 보면서 집에 갈까 하다가 자기 부인이 매 주일 교회에 간다고 하는데 정말로 교회 가는지 확인하고 싶었습니다. 혹시 교회 간다고 하면서 딴 곳으로 새는지 한번 교회 가서 확인을 해 봐야겠다고 생각하면서 교회로 갔습니다.

그렇게 교회에 첫발을 디딘 것이 부활의 주님을 만나는 출발점이 되었습니다. 그분은 하염없이 눈물을 흘리며 성경을 읽었고 결국 신학교에 입학해 목사까지 되었습니다. 세상 향락을 즐기며 성공과 출세를 꿈꾸며 잘 나가던 남자가 아내를 감시하려고 교회 가게 되면서 변화해 목사가 되었습니다. 부활하신 주님을 만나니 그의 인생길이 변했던 것입니다. 우리가 지금 만나는 주님은 부활하신 주님입니다. 베드로가 만난 주님도 부활하신 주님입니다. 사도 바울이 다메섹 도상에서 만난 주님도 부활하신 주님입니다. 이 주님을 만나면 내 삶에도 부활의 역사가 일어납니다.

남편은 회사의 중역이었고 자신도 항공사에 근무하는 한 자매가 있었습니다. 세상에서 남부럽지 않게 살다 보니 콧대가 높았습니다. 직장에서 자신보다 아래에 있는 사람들을 대수롭지 않게 여기고 무시했습니다. 그만큼 자신만만했고 힘 있는 생활이었습니다. 그런데 어느 날 하반신 마비가 왔습니다. 죽음을 코앞에 둔 사람처럼 되고 말았습니다. 몇 번이나 전신마취를 하고 수술을 했습니다. 나중에는 마취가 깨어나지 않아서 죽은 사람처럼 보이기도 했습니다. 그동안 콧대 높게 살던 생활도, 세상의 물질과 지위도, 병원 침대 위에서는 아무 의미가 없었습니다. 병원에서 오랫동안 투병 생활을 하는 동안 고난의 주님을 생각하게 되었습니다. 예수님은 이 자매에게 다른 사람들을 동정하고 긍휼히 여기는 마음을 닮게 하셨습니다. 그때부터 다른 사람이 소중하게 보이기 시작했고 다른 사람들의 어려움이 눈에 들어오기 시작했습니다. 이대로 살아서는 안 되겠다는 결심을 했습니다. 병원에서 퇴원한 후에 장로회 신학대학교 신대원에 입학했습니다. 그리고 한 지방 군부대 교회에 가서 무보수 자비량으로 군인들을 섬기는 사역자가 됐습니다.

부활의 주님을 만나기 위해서는 먼저 자신의 옛 자아가 죽어야 합니다. 주님도 십자가에서 죽은 후에 부활하실 수 있었습니다. 나의 모습을 그대로 두고 부활한 주님을 만나려고 하면 만날 수가 없습니다. 나의 인생이 부활할 수도 없습니다. 주님이 십자가에 못 박혀 죽었듯이 나의 옛 자아도 십자가에 못 박혀야 합니다. 그래야 부활한 인생이 될 수 있습니다.

3. 삶의 부활, 사명의 부활

인생의 부활을 경험한 사람은 사명이 부활하게 됩니다. 베드로는 다시금 십자가를 지는 사명으로 나아갔습니다. 19절 말씀을 보십시오. "이 말씀을 하심은 베드로가 어떠한 죽음으로 하나님께 영광 돌릴 것을 가리키심이러라." 이 말씀을 하심은 베드로가 어떠한 죽음으로 하나님께 영광 돌릴 것을 가르치는 것입니다. 사실 베드로는 사도 중에서 수석이었지만, 하나님께 영광 돌리는 삶을 살지 못했습니다. 오히려 수치와 부끄러운 삶을 살았습니다. 그러나 부활하신 주님을 만나고 나서 그의 인생이 부활했고, 하나님께 영광 돌리는 사명자가 되었습니다.

사도행전 4장을 보면 베드로의 이야기가 나옵니다. 그는 성령 충만함을 받아서 예수님을 부인했던 사람들 앞에서 담대히 예수님의 십자가와 부활을 전하는 사람이 되었습니다. 부활하신 주님을 만나기 전에는 그들이 두려워서 숨었습니다. 유대교 지도자들이 예수의 이름으로 말하지도 말고 가르치지도 말라고 위협을 했습니다. 전과 같았으면 무서워서 그가 도망갔겠지요. 그러나 이제는 그들이 두렵지 않습니다. 그래서 죽으면 죽으리라는 사명감으로 그들을 향해 외칩니다. "하나님 앞에서 너희 말을 듣는 것이 하나님의 말씀을 듣는 것보다 옳은가 판단하라. 우리가 보고 들은 것을 말하지 아니할 수 없노라." 앞에서 말씀드렸던 것처럼 결정적인 순간에 누구를 따를 것인가? 베드로는 세상이 무서워서 주님을 모른다고 하였던 사람이 아니었습니다. 베드로에게는 죽든지 살든지 온전히 주님만 따르는 사명이 부활했습니다.

사랑하는 성도 여러분, 여러분의 남은 생명을 어디에 쓰려고 하십니

까? 지금 하는 일 다 그만두고 신학교에 가서 목사가 되고 전도사가
되라는 말이 아닙니다. 부활하신 주님을 만났으면, 이제는 새로운 사
명감으로 살아야 한다는 것입니다. 누에고치가 고치 속에 번데기로
있을 때는 그 안에 갇혀 있습니다. 그러나 고치를 뚫고 나와서 나비
가 되면 새로운 세계를 향해 힘차게 날아오릅니다. 부활은 우리에게
새로운 삶을 주고 새로운 사명을 줍니다. 이것이 삶의 부활이고 사명
의 부활입니다.

낙심된 자, 지친 자, 넘어지고 쓰러진 자를 찾아와서 일으켜 주시는
부활의 주님을 만나시기 바랍니다. 그분을 만나면 인생이 부활하고
사명도 부활합니다. "인생은 어디서 시작하느냐가 중요하지 않다. 어
디서 끝나느냐가 중요하다." 이런 말이 있습니다. 베드로는 하나님께
영광 돌리는 삶으로 끝을 맺게 됩니다. 여러분의 삶은 어디서 끝나기
를 원하십니까? 세상의 삶이 끝난 후 우리가 주님 앞에 갔을 때, 이런
고백을 할 수 있으면 좋겠습니다.

"주님, 저는 부활하신 주님을 만나고 나서 이웃을 좀 더 사랑하는
사람이 되었습니다. 한 영혼이라도 더 구원하는 사람이 되었습니다.
한 시간이라도 교회와 이웃과 세상을 위해서 기도하는 사람이 되었습
니다. 직장에서, 학교에서, 삶의 현장에서 더 성실하고 최선을 다하는
사람이 되었습니다. 주님이 맡겨주신 직분을 좀 더 충성되고 신실하
게 감당하였습니다. 어려운 이웃을 돕고 선교와 구제를 위해 나의 지
갑을 좀 더 많이 열었습니다. 부정적인 말을 버리고 긍정적이고 희망

에 찬 말을 더 많이 하려고 노력하였습니다. 제가 할 수 있을 때 조금이라도 더 좋은 일 하려고 노력했고 실천했습니다."

우리 인생의 마지막 날 주님 앞에 갔을 때 이런 고백을 드릴 수 있는 성도들이 되시기를 소원합니다. 이런 사람이 주님의 부활에 제대로 동참한 사람입니다. 이런 사람이 부활의 주님을 제대로 믿는 사람입니다. 이런 사람이 부활의 주님을 제대로 만난 사람입니다. 낙심과 절망, 실의에 빠진 베드로를 찾고자 디베랴 호숫가에 오셨던 예수님. 저와 여러분도 그 주님을 만나고 우리의 인생이 부활하고 사명이 부활하게 되시기를 주님의 이름으로 축원합니다.

사랑의 주님, 감사합니다. 베드로나 가롯 유다나 저희나 다 못나고 부족합니다. 하나님 앞에 부끄러울 따름입니다. 그러나 저희를 버리지 아니하시고, 저희에게 찾아오셔서 위로해주시고, 용기와 희망을 주시고, 주님이 부활하셨듯이 우리 인생을 알게 하시고, 우리의 사명을 알게 하심을 감사합니다.
우리도 부활하신 주님을 만나서 우리의 인생에 변화가 있게 하여 주시옵소서. 우리의 사명이 변화될 수 있도록 도와주시옵소서. "베드로야! 네가 나를 사랑하느냐? 내 어린 양을 먹이라" 말씀하셨듯이 하나님께서 우리 각자에게 맡긴 사명을 잘 감당하여 우리 인생의 마지막 날에 아름다운 고백을 주님께 올려 드릴 수 있도록 도와주시옵소서.

사랑의 주님, 이 시간에 모든 성도의 가정과 일터와 삶을 위해서 기도합니다. 하나님의 은혜와 사랑이 우리 모든 성도 가정 가운데 충만히 임하게 하여 주시옵소서. 주님의 축복이 가득한 가정이 되게 하시고, 주님의 평강이 가득한 가정이 되게 하시며, 주의 은혜가 넘치는 가정이 되게 하여 주시옵소서. 그리스도의 사랑으로 서로 사랑하고 하나 되고 화목한 가정이 될 수 있도록 도와주시옵소서. 일터와 직장, 사업에도 함께 하여 주시옵소서. 우리 성도들이 일터에서는 없어서는 안 될 꼭 필요한 일꾼들로 쓰임 받을 수 있도록 도와주시옵소서. 사업하시는 분들에게 좋은 거래처, 좋은 사람, 좋은 고객들을 많이 만나게 하여 주시고, 꾸어 줄지언정 꾸지 않도록 도와주시옵소서. 땀 흘려 수고하고 노력하는 일들이 아름다운 열매로 결실할 수 있도록 도와주시옵소서. 병들고 연약한 환우들에게 주의 권능의 손을 펼치사 아프고 상한 부분들을 어루만져 주셔서 강건케 하여 주시옵소서.

하나님 아버지, 내일이면 아픔과 슬픔의 날인 세월호 4주기가 됩니다. 팽목항의 차갑고 어두운 바다에서, "엄마! 아빠!" 부르며 죽어갔던 우리 어린 자녀들 그리고 그 자녀들을 가슴에 묻어야 했던 유가족들을 위로하여 주시옵소서. 다시는 이 땅에 이런 슬픔의 날이 오지 않도록 하나님께서 지켜 주시옵소서. 이 모든 말씀 예수님의 이름으로 간절히 기도합니다. 아멘.

삶의 우선순위
- 하나님을 기쁘시게 하는 일

삶의 우선순위 - 하나님을 기쁘시게 하는 일

본문: 마태복음 6장 25-34절
설교일: 2019년 2월 3일 주일

오랫동안 교회 다녀도 담배를 끊지 못하던 사람이 하나님께 작정하고 기도를 했습니다. "하나님, 올해는 담배를 꼭 끊고 싶습니다. 하나님, 도와주시옵소서." 하나님께서 이 성도의 기도를 응답해 주셨을까요? 안 해주셨을까요? 하나님께서는 이 성도의 기도에 응답해 주셨습니다. 그토록 참지 못하던 담배에 대한 욕구가 확 사라지고 말았습니다. 일 주일, 이 주일, 한 달, 두 달, 석 달, 이제는 저절로 금연이 이루어졌습니다. 석 달을 금연하는 동안 생각하지 못했던 돈이 생겼습니다. 어떤 돈일까요? 담배값입니다. 이분이 한 달에 18만 원씩 담배값을 지출했어야 했는데, 담배를 끊고 보니까 18만 원이 생겼습니다. 이 성도는 그동안 모은 담뱃값을 하나님께 감사헌금으로 드렸습니다. 그리고 앞으로도 담배를 끊게 되면 매달 그 돈이 절약될 것인데 뭐할까 생각하다가 극동방송에 방송 선교헌금을 후원하기로 작정했습니다. 이상이 극동방송 광고 내용입니다.

저는 극동방송에서 이 광고 간증을 듣다가 너무너무 은혜가 되었습니다. 여러분, 바로 이게 하나님을 기쁘시게 하는 일이 아니고 무엇이겠습니까? 흡연하게 되면 성도가 덕도 되지 아니하고 건강도 나빠지고 가족에게도 해를 끼치게 될 것입니다. 그런데 하나님께 기도함으로 금연할 수 있고, 자신의 건강도 지키고, 담배 연기로 날려 버릴 돈을 영혼을 구원하는 선교 후원에 쓸 수 있으니 얼마나 좋은 일입니까? 가족에게 기쁨을 줄 수 있고, 변화된 성도의 모습을 다른 사람들에게도 나타낼 수 있으니 얼마나 좋은 일입니까? 가족에게도 자신에게도 좋은 거죠. 하나님께도 얼마나 기쁜 일이겠습니까?

성경에 보면 위대한 신앙의 위인들이 많습니다. 모세, 사도 바울, 엘리야, 아브라함 등, 이런 신앙의 위인들이 모두 다 그 나름대로 하나님을 기쁘시게 하는 일을 위해 사명자로 부름을 받았습니다. 우리도 나름대로 삶의 자리에서 하나님을 기쁘시게 하는 일을 할 수 있습니다. 광고에 나왔던 그분은 자신의 삶이 변화되어 하나님의 영광을 위해 살 수 있게 됐으니 얼마나 하나님께서 기뻐하셨겠습니까? 물론 담배를 피우면서도 선교헌금을 할 수 있습니다. 그러나 그것은 질적으로 큰 차이가 있습니다. 이처럼 우리가 하나님이 기뻐하시는 일을 하게 되면, 그것은 나에게도 기쁨이 되는 줄 믿습니다. 한번 따라 해봅시다. "하나님이 기뻐하시는 일은 나에게도 기쁨이다." 아멘. 그렇습니다. 하나님이 기뻐하시는 일을 하게 되면 그건 나에게도 기쁨이 되고 나에게도 축복이 됩니다.

1. 삶의 우선순위 바로 정하기

우리는 2019년을 '하나님을 기쁘시게 하는 교회'라는 표어를 가지고 시작했습니다. 하나님을 기쁘시게 하는 일들은 여러 가지가 있습니다. 첫 번째는 예배라고 제가 지난번에 말씀드렸습니다. 두 번째로 하나님을 기쁘시게 하는 일은 무엇일까요? 저는 삶의 우선순위를 바로 정하는 것이라고 말하고 싶습니다. 이 주제를 가지고 간단히 말씀을 전하겠습니다. 삶의 우선순위를 성경적으로 잘 정하면 하나님이 기뻐하시는 삶을 살게 됩니다. 하나님이 기뻐하시는 삶이 되면, 나에게도 축복이 될 수 있습니다.

요새 TV에 보면 '나는 자연인이다'라는 프로그램이 인기를 얻고 있습니다. 자연에 가서 터 잡고 사는 사람들에게는 여러 사연이 있습니다. 각박한 도시 생활 속에서 돈 버는 것만 위해 사는 사람이 있습니다. 혹은 명예와 욕망에 우선순위를 두고 정신없이 사는 사람이 있습니다. 이들은 나중에 육체적으로 정신적으로 탈진되어서 병을 얻어 삶이 망가지게 됩니다. 그제야 모든 것을 내려놓고 산으로 들어가서 자연인처럼 살아갑니다. 저보고도 다 내려놓고 산으로 가서 살라고 합니다. 지지난 주에도 '나는 자연인이다'를 보니까 출연하신 분이 "내가 왜 세상에서 그렇게 살았는지 모르겠다"라고 회상하는 것을 보았습니다. 삶의 우선순위를 잘못 정해놓고 살면, 열심히 노력하고 수고해도 고생은 고생대로 하고 행복과 감사는 얻지 못하게 됩니다. 특히 그리스도인들은 삶의 우선순위를 세상 사람보다 더 잘 정해야 합니다. 그래야 나의 인생도 행복하고 감사하며, 하나님께도 영광을 돌릴 수 있기 때문입니다.

아내에게 섭섭함이 많은 남편이 있었습니다. 아내가 남편을 사랑하지 않는 것도 아닙니다. 사랑하고 좋아합니다. 그런데도 남편은 늘 아내한테 섭섭해합니다. 왜 그럴까요? 이 아내는 남편을 좋아하기는 하지만 다섯 번째로 좋아하기 때문입니다. 첫째는 딸, 두 번째는 아들, 세 번째는 친구, 네 번째는 집에서 기르는 애완동물 그리고 나서 다섯 번째로 남편을 좋아하는 거예요. 이러다 보니까 아내가 남편을 사랑한다고 하지만, 어때요? 우선순위에서 밀리잖아요. 남편을 사랑하지 않고 좋아하지 않아서 섭섭한 것이 아닙니다. 우선순위가 밀려서 섭섭하다는 것입니다. 우리가 신앙생활을 한다고 하지만 신앙생활을 하는 것이 돈 버는 일, 혹은 자녀를 키우는 일, 혹은 자기 취미생활 하는 일, 혹은 세상에서 자기의 명예를 나타내거나 어떤 자기 역할을 하는 일 다음으로 밀리게 된다면, 하나님을 기쁘시게 해드리기 어렵습니다.

오래전에 "하나님은 3등입니다"라는 글이 그리스도인들 사이에서 많이 회자된 적이 있습니다. 제가 한 번 다시 읽어보겠습니다.

"내게 하나님은 3등입니다.

1등은 하고 싶은 일,

2등은 해야 할 일,

3등은 하고 싶은 것 다하고 해야 하는 일 다 마치고,

그 후에 여유가 있으면 하나님을 만납니다.

어려운 일이 생길 때도 내 힘으로 한 번 해보고,
그래도 안 되면 가까운 사람에게 도와 달라고 하고,
그나마 안될 때 하나님을 부릅니다.
하나님은 3등입니다.

내게 가장 가까이 있는 것은 나 자신,
그다음 내 마음을 알아주는 사람,
그다음에야 저 멀리 하늘에 계신 하나님이십니다.
하나님은 3등입니다.

그런데 하나님에게 나는 언제나 1등입니다.
무슨 일이 있어도 내가 부르기만 하면 도와주십니다.
부르기만 하면 달려오십니다.
하나님에게는 내가 최우선입니다."

그렇습니다. 우리가 하나님을 믿고, 하나님을 사랑하고, 하나님을 기쁘시게 하길 원하고 있지만, 하나님은 언제나 3등, 4등, 5등으로 밀려난다면 우선순위가 바로 정립되지 못한 것입니다. 그러면 우리가 어떻게 해야 삶의 우선순위를 성경적으로 바로 세울 수 있을까요?

2. 하나님에 대한 믿음으로 염려하지 않기

오늘 예수님은 본문 말씀에서 "염려하지 말라"라고 말씀하고 계십니다. 여러분, 염려와 걱정이 왜 생기는 것일까요? 그것은 바로 불안하기 때문입니다. 제가 요새 좀 많이 숨이 가빠서 "혹시 심장 쪽에도 문제가 있나?" 하고 심장 초음파 검사를 받았습니다. 불안하죠. "아, 심장까지 문제가 생기면 어떻게 하나?" 이렇게 마음 한 곳에 불안한 마음이 많이 있었습니다. 그래서 어제 가서 검사를 받았는데 의사 선생님이 진단하시더니 "심장이 멀쩡하네요!"라고 말씀하시는 거예요. 그 말씀을 하실 때 얼마나 마음이 싸하고 감사한지 몰랐어요. 염려와 걱정이 생기는 것은 불안하기 때문입니다. 이 불안 때문에 우리는 염려와 걱정이 생기는 것입니다.

불안은 불안한 마음이 안정되지 못한 상태입니다. 죽든지 살든지 상관없다고 생각하면 마음이 안정되고 불안하지 않습니다. 예수님께서 염려하지 말라고 하셨는데, '염려'라는 단어는 '마음이 나누어지고 찢어진다'라는 의미를 가집니다. 마음이 나누어지고 찢어지니까 마음이 안정되지 못하잖아요. 그러니까 불안하게 되는 겁니다. 마음이 나누어지면 불안하고, 불안하면 의심이 생기고, 믿지를 못합니다. 이 말씀은 결국, 하나님에 대한 믿음이 부족하기에 염려가 생긴다고 하는 것입니다.

"아무것도 염려하지 말고 다만 모든 일에 기도와 간구로 너희 구할 것을 감사함으로 하나님께 아뢰라"(빌 4:6). 곧 하나님에 대한 믿음이 부족하면 우리 안에 염려가 생길 수 있는 것입니다. 오늘 본문 말씀에서 예수님은 하나님에 대한 믿음을 계속 강조하고 있습니다. 이방인들은 하나님을 모르지만, 하나님의 자녀들은 하나님을 알기에 염려하지 말고 하나님을 믿고 붙잡으라고 말씀하십니다. 그러면서 "들의 백합화와 공중의 새를 보라 이것들보다 너희들은 더욱 귀하지 아니하냐"라고 말씀하십니다. 우리가 여기서 분명히 깨달을 교훈이 있습니다. 삶의 우선순위를 바로 세우려면 먼저 하나님에 대한 믿음이 분명히 서 있어야 한다는 것입니다. 하나님에 대한 믿음이 분명히 서 있어야, 성경적 삶의 우선순위를 세울 수 있습니다.

요새 종영했습니다만, '스카이 캐슬'이라고 하는 드라마가 우리 사회에 많은 공감대를 형성하며 여러 가지 이슈를 낳았습니다. 거기 주인공 엄마는 내 자식을 성공하게 하려면 돈이 있어야 하고, 부모의 재력이 따라야 하고, 좋은 사교육을 받아야 하고, 능력 있는 과외선생님을 만나야 한다고 생각합니다. 이런 생각은 자녀 교육의 우선순위를 성경적으로 바로 세울 수 없습니다. "내 자식의 장래는 하나님께서 책임져 주실 줄 믿습니다. 저는 기도와 사랑으로 내 자녀를 위해서 하나님의 말씀대로 양육하겠습니다. 하나님, 내 자녀의 앞날을 인도하여 주시옵소서." 이렇게 하나님을 신뢰하고 믿을 때 성경적 자녀 교육의 우선순위가 형성될 수 있습니다. 따라서 우리는 어떠한 상황에서도 흔들리지 않는 하나님에 대한 확실한 믿음을 가지고 그리스도인의 삶의 우선순위를 결정해야 합니다.

3. 나의 필요를 무시하지 않는 하나님

두 번째로 우리가 확신해야 하는 것은 하나님은 나의 필요를 무시하지 않는다는 사실입니다. 32절 말씀을 보면, "너희 하늘 아버지께서 이 모든 것이 너희에게 있어야 할 줄을 아시느니라"라고 적혀있습니다. 하나님은 우리에게 있어야 할 것이 무엇인지 알고 계십니다. 우리의 작은 신음에도 응답하여 주시는 분이십니다. 우리가 살아갈 때 우리의 의식주가 필요하다는 것을 알고 계십니다. 힘들고 어려운 것을 해결해 주시기를 원하는 분이십니다. 하나님은 우리의 삶에 필요한 것을 헛되다고 말한 적이 없습니다. 그것은 단지 유한할 따름이라고 말씀합니다. 세상의 것은 때가 되면 사라지는 것입니다. 그래서 영원한 것에 가치를 두고 살라고 말씀하십니다. 이 세상의 것이 다 무익한 거라고 말씀하신 적이 없습니다.

우리는 내 삶의 우선순위를 정할 때 "내가 하나님을 우선순위로 하면서 살면 내 삶은 누가 책임져 주지?"라고 하는 막연한 두려움을 가져서는 안 됩니다. 내가 우선순위를 바르게 정하여 살면, 내 삶에 필요한 것을 하나님께서 채워 주실 줄 믿습니다. 말씀대로 살면 하나님께서 내 삶에 필요한 것들을 채워 주실 줄 믿습니다. 이런 믿음과 확신이 있어야 우리는 삶의 우선순위를 바르게 정할 수 있습니다.

세 번째는 죄를 멀리해야 합니다. 우리가 살면서 죄에 결박이 되면, 염려와 걱정의 늪에서 벗어날 수가 없습니다. '스카이 캐슬'을 다시 한 번 말씀드리는데, 과외 선생님이 시험지를 빼돌려서 주인공 딸이 100점을 맞게 됐습니다. 그때 엄마가 딸한테 말하기를 "너는 아무 걱정하지 말고 오직 공부만 열심히 해. 3학년 1학기잖아, 중간고사만 잘 봐"라고 하는 것입니다. 그런데 여러분, 빼돌린 시험지를 가지고 시험 본 아이가 엄마가 천 번 만 번 "너는 아무 걱정하지 말고 공부만 해"라고 했을 때 아무 걱정 안 했겠습니까? 아무리 걱정하지 말라고 해도 걱정하지 않을 수 없었겠지요. 왜냐하면, 죄에 매였기 때문입니다. 죄에 매여있으면 우리는 걱정하고 염려하고 두려워할 수밖에 없습니다. 죄의 문제를 해결해야 합니다. 여러분, 죄의 문제를 어디에서 해결해야 합니까? 드라마에서 주인공 가족은 모든 것을 다 고백합니다. 그러자 자유롭게 되었습니다. 우리는 십자가 밑에 나아가 내 죄를 하나님 앞에 고백하고, 예수 그리스도의 보혈로 죄를 씻을 때, 죄의 권세에서 해방될 줄 믿습니다.

죄의 문제가 해결되어야 염려, 근심, 걱정이 사라지게 되고, 삶의 우선순위를 바로 정할 수 있습니다. 33절 말씀은 우리가 잘 아는 말씀입니다. "너희는 먼저 그의 나라와 그의 의를 구하라." 우리는 세상 속에 속해 있습니다. 그래서 하나님의 나라를 추구하는 것보다 세상의 것을 추구하기 쉽습니다. 삶의 우선순위는 우리 각자가 추구해 나가는 것입니다. 여러분, '추구하다'라는 말이 무엇입니까? 스스로 노력하고 힘써서 그렇게 되도록 만드는 것입니다. 등 떠밀려서 할 수 없이 마지못해 한번 해보는 게 아니라, "내가 그렇게 살아야겠다"라고 하는 것입니다. 구체적으로 목표와 계획을 정하고, 그것이 이루어질 수 있도록 힘써 노력하는 것입니다. 그것이 먼저 그의 나라와 그의 의를 구하는 삶입니다.

서두에서 말씀드렸듯이, 금연하고 그 담배값을 방송 선교라는 값지고 귀한 곳에 후원한 성도처럼, 스스로 자신이 성경 말씀대로 살아가는 모습을 보여주는 것이 하나님의 나라와 그의 의를 구하는 것입니다.

사랑하는 성도 여러분, 말씀을 마치겠습니다. 삶의 우선순위를 바로 정하여 살아가는 한 해가 되길 바랍니다. 그것이 하나님을 기쁘시게 하는 일이 될 것입니다. 이렇게 살려고 노력하다 보면 "하나님이 나와 함께 하시고 나를 도와주시고 내 곁에 계시다"는 것을 깨닫게 될 줄 믿습니다.

하나님 아버지, 감사합니다. 2019년도 벌써 한 달이 지나고 2월이 시작
되었습니다. 하나님을 기쁘시게 하는 교회, 하나님을 기쁘시게 하는 성
도들이 다 될 수 있도록 도와주시옵소서. 예수님 이름으로 기도합니다.
아멘.

보혈의 능력

Chapter 13

보혈의 능력

|

본문: 히브리서 9장 11-15절
설교일: 2019년 3월 17일 주일
마지막 주일 설교

지난여름 무더위가 막 시작될 즈음에 제 안에 암이 많이 퍼졌다는 것을 발견하고, 여름이 지나고 가을이 지나고 겨울이 지나고 이제 새 봄이 오는 세 계절이 지나기까지 10여 개월 가까이 치료를 받고 있습니다. 그간에 우리 성도님들과 온 교회가 저와 질병으로 고통 중에 있는 많은 환우를 위해 간절히 눈물로 기도해 주셔서 진심으로 감사드립니다. 제가 느끼기에는 중보기도의 힘이 큰 것 같습니다.

원래 위암이라는 것이 먹기가 참 어려운 건데 저는 지금까지 한 끼도 굶어 본 적이 없습니다. 없어서 못 먹기는 했습니다. 지금은 몸이 음식을 안 받아서, 음식의 맛은 느끼지 못합니다. 그래도 먹을 수 있어서 식사도 잘하고 있습니다. 간혹 그날의 형편에 따라 몸 상태가 좋아지기도 하고 조금 안 좋아지기도 합니다. 그러나 이 시간까지 잘 치료 받을 수 있는 것은 우리 성도님들의 간절한 기도에 하나님께서 응답해 주신 거라고 믿습니다.

　사실 어제 많이 힘이 없었어요. 그래서 5분을 걷기가 힘들었고, 조금만 걸어도 심장이 터지는 것 같았습니다. 2층 목양실에서 여기 3층 본당 강단까지 한 번에 올 수 없어서 두 번 세 번 쉬어서 와야 했고, 숨을 헐떡거리며 힘들어했습니다. 그래서 걱정이 많이 됐습니다. 혹시 심장 쪽에 문제가 생긴 것은 아닌가? 주치의 선생님께 사정을 말씀드리면서 숨쉬기가 어렵다고 했습니다. 그랬더니 심장외과 쪽에 한번 가서 검사를 받아 보라고 했습니다. 그래서 그곳에 가서 심장 초음파를 찍고 검사 결과를 기다리는데 솔직히 많이 초조하고 긴장이 되었습니다. 원래 심장은 암이 없다고 하지 않습니까? 심장은 항상 부지런히 움직이고 뜨거운 피가 흘러서 암이 생기지 않는다고 합니다. 그러나 심장에는 암보다 더 심각한 질환들이 많이 있지요. 그래서 혹시 잘못되어서 수술을 받으면 어떻게 하나 하는 걱정된 마음으로 심장외과 선생님을 만났습니다. 그랬더니 심장은 아주 정상이라는 결과가 나왔습니다. 참 감사했습니다.

　"그러면 왜 이렇게 숨이 차고 힘이 없는 걸까?" 최근에 저의 주치의 선생님이 소화기 내과 교수님에서 종양내과 교수님으로 바뀌었습니다. 아주 자상하신 여자 교수님이셨습니다. 지난 설 명절이 지나고 주치의 선생님께 갔더니 주치의 선생님이 심각한 표정으로 말씀하셨습니다. "환자분은 지금 빈혈 상태가 너무 안 좋습니다. 이 정도면 길 가다가도 푹 쓰러질 지경입니다. 지금까지 쓰러지지 않은 것이 다행입니다. 항암 문제가 아니라 당장 빈혈부터 치료를 받아야 합니다."

이렇게 말씀을 하시면서, 숨이 차고 걷기가 어렵고 힘이 없었던 것이 빈혈 수치가 낮아서라고 말씀하셨습니다. 보통 정상인의 빈혈 수치가 10에서 11이라고 합니다. 항암 환자는 아무래도 정상인보다는 낮지만, 아무리 낮더라도 8~9 정도는 되어야 하는데, 저는 당시에 빈혈 수치가 6밖에 되지 않았습니다. 그러니 의사가 깜짝 놀랐던 거죠. 지금 당장 빈혈 수치를 올려야 되는데, 수혈받는 게 제일 빠르다고 말씀하셨습니다. 그리고 즉시 수혈 처방을 내렸습니다. 제가 병원에 가서 그 자리에서 처방을 받고 수혈을 받게 됐습니다. 난생처음으로 남의 피 두 봉지를 수혈받았습니다.

침대에 누워서 누구의 피인지도 모르는 그 피가 제 몸 안으로 들어가는 걸 보면서 마음이 좀 이상했습니다. 나쁜 마음으로 이상한 게 아니라, 고마운 마음으로 이상했습니다. "누군가가 자기 피를 헌혈해서 빈혈로 고생하는 내가 힘을 얻게 되는구나"라고 생각했습니다. 성경에서는 피는 생명이라고 말합니다. "누군가가 나에게 생명을 나누어 주는 것이구나." 이런 생각을 하니까 제 몸에 들어가는 그 피의 주인이 너무너무 감사했습니다. 그래서 제가 누워서 마음으로 기도했습니다. "하나님, 이 피의 주인공이 누구인지는 모르지만, 자신의 피를 내어 주셔서 다른 사람의 건강에 도움을 주는 그분에게 하나님의 풍성한 은혜를 내려 주시옵소서" 하고 기도하게 되었습니다. 주치의 선생님은 수혈을 받게 되면 많이 좋아질 거라고 했습니다. 다행히 그 후로 저의 빈혈 수치는 많이 올라갔고, 전에처럼 숨이 차거나 힘든 증상이 많이 완화되었습니다.

1. 예수님의 보혈

여러분 중에도 아마 남의 피를 수혈받아 본 분들이 계실 겁니다. 제가 수혈을 받으면서 많은 걸 묵상하게 되었습니다. 그중에서도 예수 그리스도의 '보혈의 능력'을 실제로 묵상했습니다. 오늘 본문 말씀을 보면, 12절에 "염소와 송아지의 피로 하지 아니하고 오직 자기의 피로 영원한 속죄를 이루사 단번에 성소에 들어가게 하셨느니라"라는 말씀이 나옵니다. 14절에도 "그리스도의 피"라는 말이 나옵니다. 성경에는 '예수 그리스도의 피' 또는 '보혈의 십자가에서 흘린 물과 피', 이런 표현들이 많이 나옵니다. 예수님의 보혈은 복음에서 가장 중요한 내용입니다. 사도 바울은 복음은 십자가이고, 십자가는 예수님이 흘린 피라고 강조합니다. 그 피는 그냥 흘린 피가 아니라, 속죄의 대가로 흘린 피입니다. 골고다 언덕에서 흘린 피로 말미암아, 먹물같이 더러운 죄가 깨끗하게 되었고, 주홍같이 붉은 죄가 눈같이 희게 되었습니다. 베드로전서 1장 18-19절에 베드로 사도가 구체적으로 기록하고 있습니다.

"너희가 알거니와 너희 조상이 물려준 헛된 행실에서 대속함을 받은 것은 은이나 금같이 없어질 것으로 된 것이 아니요 오직 흠 없고 점 없는 어린양 같은 그리스도의 보배로운 피로 된 것이니라." 아멘.

그렇습니다. 성경은 예수님의 보혈의 능력으로 우리가 구속함을 얻고, 하나님의 자녀가 되었다는 것을 명백히 기록하고 있습니다. 웬만큼 교회 다녀 보신 분이라면 보혈에 관한 이야기를 한두 번은 들어보셨을 겁니다. 그런데 이 말씀에 대해서 우리가 머리와 지식으로는 아는데, 직접 삶 속에서 보혈의 은혜와 능력을 체험하기가 쉽지 않다는데 문제가 있습니다. 머리로 알고 입으로 고백하고 기도하는데 가슴은 뜨겁지가 않아요. 그나마 신앙의 첫사랑이 남아 있을 때는 십자가 밑에 나아가 눈물로 회개하고 기도하고 감사하며 찬양했었는데, 그 첫사랑을 시간이 지나면서 잊어버리게 됩니다. 마침내 십자가의 은혜와 감동이 식고 맙니다.

이것이 우리 신앙의 현재 모습이 아니겠습니까? 저 역시 마찬가지였습니다. 명색이 목사지만 정말 마음으로 뜨겁게 예수님의 보혈의 은혜를 받아들이고 묵상해본 적이 언제인지 모릅니다. 심지어 보혈의 은혜에 대해서 설교할 때조차 보혈의 감격 속에 빠져들지 못했습니다. 그런데 몸이 아프고 힘이 없어 다른 사람의 피를 수혈받게 되면서, 전에는 깨닫지 못했던 것을 알게 됐습니다. "아, 예수님의 보혈의 능력이 바로 여기 있는 것이구나!" 하며 깨닫게 되었습니다.

사랑하는 성도 여러분, 오늘 사순절을 보내면서 이 말씀을 통해서 여러분도 복음의 능력과 보혈의 은혜를 조금이라도 깨닫는 축복이 있기를 소원합니다.

2. 새 언약은 십자가의 보혈

먼저 15절 말씀을 보면, "새 언약의 중보자"라는 말이 나옵니다. 예수님은 새 언약의 중보자입니다. 새 언약은 무엇이고 옛 언약은 무엇인가요? 옛 언약은 모세의 율법을 통한 속죄와 구원입니다. 이것은 불완전합니다. 죄가 있을 때마다 반복적으로 속죄의 제사를 바쳐야만 합니다. 누구도 율법의 요구를 다 이행할 수 없습니다. 그러다 보니 율법은 사람을 자유케 하는 것이 아니라 정죄케 하는 것이 되고 말았습니다. 여러분, 정죄를 받으며 사는 사람이 행복할까요? 축복을 받으며 사는 사람이 행복할까요? 정죄 받으며 사는 사람은 행복할 수 없습니다. 율법을 지키면 지킬수록 더 힘듭니다. 율법주의에 빠지든지, 아니면 율법을 떠나서 방탕한 생활을 하게 됩니다. 예수님은 불완전한 옛 언약을 개혁하고 새로운 언약, 완전한 언약을 주시기 위해 우리에게 오셨습니다. 새 언약은 율법이 아니라 십자가의 보혈입니다.

우리가 읽지는 않았지만, 히브리서 9장 22절에 이런 말씀이 있습니다. "피흘림이 없은즉 사함이 없느니라." 여러분, 제가 빈혈 수치가 너무 낮아서 힘들어할 때 저에게 힘을 준 것이 무엇입니까? 수혈입니다. 누군가가 헌혈해준 피 두 봉지 덕분에 저는 다시 힘을 얻을 수 있었습니다. 얼마나 고맙습니까? 그러나 그것이 아무리 고마워도, 그 수혈이 저의 육체에 힘을 줄 수 있어도, 저의 영적인 문제까지 해결해 줄 수는 없습니다. 두 봉지의 피가 제 몸에, 제 혈관에 들어갔을 때, 제 육체의 문제뿐만 아니라 죄의 문제까지도 해결해 줄 수 있을까요? 그렇지 않습니다. 두 봉지가 아니라 수백 봉지의 피를 수혈한다고 할지라도 죄의 문제와 구원의 문제는 해결할 수 없습니다. 왜일까요? 우리 육체의 피는 죄로 물들었기 때문입니다. 죄를 씻을 수 있는 것은 정결한 피이어야 합니다.

우리가 육체의 병을 고치기 위해서 수혈받을 때도 얼마나 조심합니까? 절대 아무 피나 함부로 넣지 않습니다. 항암제를 넣는 것보다 수혈은 더욱 조심하더라고요. 많은 검사를 하고, 이 피가 환자에게 들어가서 부작용이 생기고 문제가 생기지 않을까 검사하고 또 검사해서 적합한 피만 수혈합니다. 저도 저에게 맞는 피를 얻기 위해 오랫동안 수혈실에서 테스트했습니다. 가장 중요한 것은 이겁니다. 오염된 피는 절대 안 된다는 것입니다. 혈액형이 다르고 성분이 다른 것도 안 됩니다. 모든 성분이 다 맞을 때 수혈이 가능합니다.

육체의 병을 고치기 위해서도 이처럼 꼼꼼하게 검사하고 따져서 깨끗한 피만 수혈받는데, 하물며 우리를 죄와 사망에서 구원하고 정결한 하나님의 자녀가 되기 위해서 아무 피나 수혈받을 수 있겠습니까? 희생제에서 흘리는 짐승의 피로 되겠습니까? 그것은 불가능합니다. 그래서 죄도 없으시고 흠도 없으신 예수님이 이 땅에 오신 것입니다. 오셔서 십자가에서 정결한 피를 흘리시고 그 피로 우리를 구원하여 주셨습니다. 인간의 피는 같은 혈액형이기만 하면 받을 수 있습니다. A형은 A형, B형은 B형, O형은 O형(물론 O형은 모든 사람에게 피를 줄 수 있지만), 이렇게 같은 피끼리만 수혈받을 수 있습니다. 그러나 예수님의 보혈은 누구나 수혈받을 수 있습니다. A형도 B형도 O형도 회개하여 자신의 죄를 깨끗하게 씻고 새사람이 되기를 원한다면, 누구나 예수님의 피를 수혈받고 새로워질 수 있습니다. 이것이 바로 새 언약입니다.

예수 믿고 구원받은 사람들은 혈액형이 다 J형으로 바뀐다는 말도 하잖아요? 예수님은 영어로 'Jesus'죠. 그래서 예수님의 보혈은 'J형'이라고 합니다. 우리가 영적으로 예수님의 피로 씻음을 받고 새로워졌기 때문에 예수님의 피인 'J형'이 된 겁니다. 그렇다고 해서 여러분이 병원에 갔는데 의사 선생님이 "혈액형이 어떻게 됩니까?"라고 묻는다면, "우리 목사님이 J형이래요"라고 말하면 안 됩니다.

3. 보혈의 능력

사랑하는 성도 여러분, 피 두 봉지가 숨찬 저를 일으켜 세워 주었다면, 예수 그리스도가 흘려 주신 보혈의 수혈은 우리 신앙과 삶에 큰 힘이 되지 않겠습니까? 오늘 본문 말씀은 보혈의 능력을 잘 알려주고 있습니다.

첫째, 주님의 보혈은 우리의 양심을 깨끗하게 해줍니다. 주님의 보혈은 우리의 양심을 깨끗하게 만들어 줍니다. 그래서 죽을 죄인도, 악한 사람도 예수님을 제대로 만나면 하늘의 성자와 같은 사람이 될 수 있습니다. 또한, 예수 믿는 성도들은 예수님의 보혈의 능력으로 양심이 깨끗하게 되었으므로, 항상 깨끗한 양심을 가지고 살아야 합니다.

둘째, 우리를 죽은 행실에서 떠나게 해줍니다. 죽은 행실이란 무엇일까요? 육체의 정욕과 죄 된 행실입니다. 지금 세상은 얼마나 부정하고 죄악이 가득합니까? 교회 안에서조차, 교인들의 삶에서조차 죄 사슬은 떠나지 않고 있습니다. 이것은 우리 안에 주님의 보혈이 메말라 있다는 증거입니다. 영적인 빈혈 상태가 점점 심각해져 가고 있다는 것입니다. 우리는 다시 십자가 밑에 나아가 회개하고 주님의 보혈을 수혈받아야 할 줄 믿습니다. 그래서 흠과 점이 없으신 예수 그리스도가 흘리신 보혈이 우리 안에 흘러들어야 우리가 죽은 행실에서 떠나 새롭게 살 수 있습니다. 짐승들이 덫에 걸려 죽잖아요. 왜 죽습니까? 덫에 걸린 채로 가만히 있으면 쉽게 죽지는 않습니다. 그런데 그 덫에서 빠져나오려고 몸부림치다 보면 덫은 짐승을 더 옥죄어 빨리 죽게 만듭니다.

우리 인생이 덫에 걸렸다고 생각될 때, 죄의 덫이 나를 덮치고, 가족의 여러 가지 어려운 문제가 덫이 되고, 물질이 덫이 되고, 건강이 덫이 되어 나를 덮칠 때, 여러분은 어떻게 하시겠습니까? 혼자서 덫에서 빠져나오려고 몸부림치다 보면 더욱 어려워지게 됩니다. 누군가가 와서 그것을 끊어 주어야만 합니다. 인생의 덫에서 우리를 구원하여 주실 분은 나를 위해서 모든 것을 다 내어 주신 예수 그리스도뿐입니다. 이것을 믿고 주님께 간구하는 성도님들이 되시기를 바랍니다. 덫이 힘들면 힘들수록 내가 빠져나오려고 하기보다 그 덫에서 나를 구원해 주실 예수 그리스도께로 나오시기를 주님의 이름으로 부탁드립니다. 왜 그렇습니까? 히브리서 2장 18절에 이런 말씀이 있습니다. "그가 시험을 받아 고난을 당하셨은즉 시험받는 자들을 능히 도우실 수 있느니라." 예수 그리스도가 시험받아 고난받으셨습니다. 주님은 "시험받

는 자들을 능히 도와주리라"라고 말씀하십니다. 시험받는 자들을 도
와주시는 예수님에게로 나오시기 바랍니다.

마지막으로 보혈의 능력은 우리로 하여금 하나님을 더 잘 섬기게
해줍니다. 그리고 영원한 유업을 만들어 줍니다. 제가 수혈을 받아
빈혈 치료를 받고 나니까 이것이 얼마나 중요한 것이고 고마운 것인
지 새롭게 깨달았습니다. 그 체험을 해보지 않으면 잘 모르죠. 욥이
신앙이 그렇게 좋은 사람이었지만, 고난에 처해 보지 않으니까 하나
님을 잘 몰랐던 것 같습니다. 그런데 욥은 고난 가운데서 하나님을
만나고 나서 비로소 하나님을 제대로 알게 됐습니다. 그래서 욥은 이
렇게 고백합니다. "내가 주께 대하여 귀로 듣기만 하였사오나 이제는
눈으로 주를 뵈옵나이다."(욥 42:5) 다시 말해 욥은 "하나님 제가 주를
알기는 알았지만, 귀로만 알았습니다. 그런데 이 모든 고난의 시간을
통하여 이제는 제가 주님을 눈으로 뵈옵나이다"라고 마지막 고백을
하고 있습니다. 그렇습니다. 귀로만 듣던 하나님과 눈으로 직접 본
하나님은 다릅니다. 우리가 주님의 '보혈의 능력'을 제대로 경험하면
하나님 앞에 나오는 자세가 달라질 줄 믿습니다. 우리의 신앙생활,
우리의 교회 생활, 우리의 가정생활과 사회생활이 달라집니다. 그래서
하나님을 더 잘 섬기게 되고 영원한 유업을 얻을 수 있도록 주님의 보
혈이 역사하여 주시는 것입니다.

사랑하는 성도 여러분, 말씀을 마치겠습니다. 두 봉지의 피에도 놀
라운 능력이 있습니다. 하물며 주님이 우리에게 값없이 주신 그 귀한

보혈의 능력이 얼마나 놀랍고 크겠습니까? 이 사순절에 주님의 '보혈의 능력'을 묵상하시기 바랍니다. 여러분이 여기 와서 예배를 드릴 수 있는 것은 주님의 보혈이 여러분 안에 수혈되었기 때문입니다. 그런데 주님의 보혈이 점점 고갈되어 빈혈 상태가 깊어지고 있지는 않습니까? 다시금 주님의 보혈을 수혈받으시고 보혈의 능력 안에서 살아가는 모든 성도님이 되시기를 주님의 이름으로 축원합니다.

하나님 아버지, 감사합니다. 흠 없고 점 없는 어린 양 예수 그리스도의 보혈로, 그 보혈의 은혜와 공로로, 저희가 죄에서 해방되고 구원함을 받고 하나님의 자녀가 되었습니다. 지금까지도 보혈의 능력과 은혜 의지하여 믿음 생활도 하고 하나님께서 맡겨주신 사명도 감당하는데, 언제부턴가 우리의 영적 빈혈 상태가 점점 심해지고 있습니다. 아버지 하나님, 우리의 모든 형편과 사정을 아시니 다시 우리 안에 주님의 보혈이 흐르게 하여 주시옵소서. 주님의 보혈이 흘러서, 참으로 그 보혈의 능력과 은혜로 교회 생활, 가정생활, 사회생활, 믿음 생활을 잘할 수 있도록 도와주시옵소서.

누구의 것인지 모르는 두 봉지 피에도 우리의 육체를 새롭게 하는 놀라운 힘이 있었습니다. 하물며 주님이 우리에게 값없이 주신 보혈의 능력이 얼마나 크겠습니까? 주여, 주의 보혈을 사모하는 자마다 하나님으로부터 큰 은혜를 얻게 하여 주시옵소서. 육체의 질병과 마음의 상처와 아픔과 고통이 있는 성도들, 영적으로 방황하는 성도들을 찾아가셔서 하나님이 위로하여 주시고 능력의 손길로 안수하여 주시옵소서.

대저 생명의 원천이 하나님께 있음을 믿습니다. 하나님 아버지, 생명으로 역사하여 주시옵소서. 모든 약함과 모든 병을 고치신 예수님, 고쳐서 영광을 받아 주시고 살려서 영광을 받아 주시옵소서. 그 능력을 행하사 영광을 받아 주시옵소서.

하나님 아버지, 이 시간 성도들의 가정마다 삶의 현장 속에서 수고하고 무거운 짐들이 많이 있습니다. 아버지여, 저들의 눈물과 기도를 들어 응답하여 주시옵소서. 하나님 앞에 나와 간절히 기도할 때 "너희가 악할지라도 자녀들에게 좋은 것으로 줄 줄 알거든 하물며 하늘에 계신 너희 아버지께서 구하는 자들에게 좋은 것을 주시지 않겠느냐"라는 능력의 말씀을 믿습니다. 하나님, 구하는 자들에게 하나님이 좋은 것으로 응답하여 주시옵소서. 예수님 이름 받들어 간절히 기도합니다. 아멘.

고일호 목사 약력

1961년   10월 8일 제주도 애월읍 광령리에서 부친 故 고재훈 성도
          와 모친 강춘자 권사의 2남 중 장남으로 출생
1988년   11월 12일 이용숙 사모와 결혼, 슬하에 2녀(주영, 주민)
1989년   2월 장로회 신학대학교 신학대학원 졸업
1991년   목사 안수(대한예수교장로회통합 서울남노회), 덕수교
          회 부목사
1992년   봉천제일교회 부목사
1995년   독일 뷔르템베르크 주교회 총회 파송 선교사
2000년   7월 영은교회 부목사
2003년   8월 은진교회 담임목사
2005년   12월 11일 영은교회 담임목사로 부임
2011년   사단법인 기아대책 영등포이사회 초대 회장
2012년   2월 장로회 신학대학교 선교학 신학박사
2013년   영등포경찰서 청소년문화발전위원회 위원장 겸 영등포경
          찰서 교경협의회 회장
2014년   영등포노회 한국·독일·가나 교회협력 위원회 위원장
2019년   5월 1일 오후 7시 15분 소천

영은교회 성도들의 마음과 뜻을 모아 고일호 목사님의 설교집을 출판하게 하신 하나님께 감사드립니다. 고일호 목사님의 설교집은 많은 분의 도움과 여러 과정을 거쳐 완성되었습니다. 교회 월간 『동행』지에 실려 있는 「생명의 말씀」과 고일호 목사님 개인 USB에 담겨 있는 설교문을 전달받아, 영은교회 부목사님들이 나누어 읽으시고 10편의 설교를 선택해주셨습니다. 동행지의 설교문의 경우 동행지 분량에 맞게 편집되었기에, 온전한 설교문을 실을 수 없었습니다. 이 때문에 이번 설교집을 위해서 우리는 실제 목사님의 설교 영상을 활용하기로 했습니다. 이를 위해 목사님의 설교를 다시 직접 듣고 문서화 하는 작업을 거쳤습니다. 이는 힘들고 오랜 시간이 필요한 작업이었지만, 이 작업이 설교집의 특별한 장점이 되었습니다. 설교집은 고일호 목사님의 육성 설교를 글로 담았기에, 독자들은 목사님의 생전의 모습을 떠올리며 설교문을 쉽게 읽을 수 있습니다. 설교 중 목사님이 사용하셨던 어투를 그대로 살려서 설교문을 읽다 보면, 마치 목사님이 지금 우리에게 말씀해 주시는 것처럼 느껴지기도 합니다.

설교집이 나올 수 있도록 방송실 정하윤 집사님께서 고일호 목사님의 설교 영상을 준비해주셨고, 편집해서 QR코드를 만들어 주셨습니다. 부목사님들이 선정해주신 10편의 설교에 고일호 목사님 사모님께서 가장 기억에 남는 설교로 말씀해 주신 목사님의 부임 설교 1편과 영은문화아카데미 출판팀이 선정한 목사님 생전의 마지막 설교 2편을 추가해 총 13편의 설교를 설교집에 수록하였습니다. 설교집 뒤편에 있는 부록에는 설교 13편의 QR코드를 모아서 실었습니다. QR코드를 활용해 책에 수록된 목사님 설교를 영상을 통해서도 시청할 수 있습니다. 영상 설교를 들으며 문서화 하는 동안, 예전에 들었던 목사님의 설교를 여러 번 다시 들으면서 새로운 감동과 은혜를 누릴 수 있었습니다. 이 책을 읽는 독자들도 QR코드를 통해 그때의 설교 감동을 다시 한번 느낄 수 있길 바랍니다.

설교집은 고(故) 고일호 목사님 1주기를 추모하며, 영은교회 60주년 기념사업의 하나로 출간하게 되었습니다. 고일호 목사님의 설교집이 나올 수 있도록 전적으로 지원해 주신 이승구 담임 목사님과 당회 장로님들 한분 한분께 감사의 마음을 전합니다. 설교집의 편집부터 교정, 출판까지 수고를 아끼지 않은 영은교회 청년부 영은문화아카데미 조창연 부장님, 김명희 권사님 및 출판팀에게 고마운 마음을 전합니다. 고일호 목사님의 설교집『마지막 부탁』의 추천 글을 설교집 초고본 전문을 정독하신 후에 써주신 이수영 목사님(새문안교회 은퇴 목사)께도 진심으로 감사드립니다. 설교집 출판을 흔쾌히 맡아 주신 드림북

민상기 대표님에게도 감사의 마음을 전합니다. 고일호 목사님의 부임 설교부터 소천하기 전 마지막 설교까지 영은의 성도들에게 들려주셨던 목사님의 '마지막 부탁'을 우리 모두 마음에 새기며 살 수 있기를 소망합니다.

2020년 7월 14일

영은교회 청년부 박정훈 전도사

(영은문화아카데미 교역자)

설교 순서 및 제목

순번	설교제목	본문	설교일	비고	
1	충성되고 지혜있는 종	마 24:45-51	2005년 12월 11일	담임목사 취임설교	
2	길을 얻지 못할 때	눅 5:17-26	2012년 10월 21일		
3	하나님의 마음을 품은교회	욘 4:1-11	2015년 4월 19일		
4	기도,구걸, 찬송, 영광	행 3:1-10	2015년 7월 19일		
5	충만한 교회	행 4:23-37	2015년 8월 9일		
6	광야같은 세상에서	신 8:11-16	2017년 7월 2일		

7	은혜, 사랑, 섬김의 공동체로 거듭나는 교회	유 1:17-21	2017년 9월 10일		
8	종교개혁가의 예배 정신	요 4:23-37	2017년 10월 15일		
9	사도바울의 감사 제목	고후 9:8-15	2017년 11월 19일		
10	사도바울의 마지막 부탁	딤후 4:9-18	2017년 11월 26일		
11	삶의 부활, 사명의 부활	요 21:7-19	2018년 4월 15일		
12	삶의 우선순위 - 하나님을 기쁘시게 하는일	마 6:25-34	2019년 2월 3일		
13	보혈의 능력	히 9:11-15	2019년 3월 17일	마지막 설교	

마지막 부탁

·**초판 1쇄 발행** 2020년 9월 25일

·**엮은이** 영은교회
·**펴낸이** 민상기
·**편집장** 이숙희
·**펴낸곳** 도서출판 드림북
·**인쇄소** 예림인쇄 **제책** 예림바운딩
·**총판** 하늘유통(031-947-7777)

·**등록번호** 제 65 호 **등록일자** 2002. 11. 25.
·경기도 의정부시 가능1동 639-2(1층)
·Tel (031)829-7722, Fax(031)829-7723